[美]博恩·崔西（Brian Tracy） 著
赵倩 译

涡轮策略

引爆利润的21种经营利器

TURBOSTRATEGY

中国科学技术出版社
·北京·

TurboStrategy
Copyright © Brian Tracy
Published by arrangement with HarperCollins Leadership, a division of HarperCollins Focus, LLC.
The simplified Chinese translation copyright by China Science and Technology Press Co., Ltd. All rights reserved.
北京市版权局著作权合同登记　图字：01-2021-5815

图书在版编目（CIP）数据

涡轮策略 /（美）博恩·崔西著；赵倩译 . — 北京：中国科学技术出版社，2021.11

书名原文：Turbostrategy

ISBN 978-7-5046-9274-0

Ⅰ. ①涡… Ⅱ. ①博… ②赵… Ⅲ. ①企业经营管理 Ⅳ. ① F272.3

中国版本图书馆 CIP 数据核字（2021）第 220623 号

策划编辑	杜凡如　陆存月	责任编辑	申永刚
封面设计	马筱琨	版式设计	蚂蚁设计
责任校对	邓雪梅	责任印制	李晓霖

出　版	中国科学技术出版社
发　行	中国科学技术出版社有限公司发行部
地　址	北京市海淀区中关村南大街 16 号
邮　编	100081
发行电话	010-62173865
传　真	010-62173081
网　址	http://www.cspbooks.com.cn

开　本	787mm×1092mm　1/32
字　数	94 千字
印　张	7
版　次	2021 年 11 月第 1 版
印　次	2021 年 11 月第 1 次印刷
印　刷	北京盛通印刷股份有限公司
书　号	ISBN 978-7-5046-9274-0/F·955
定　价	59.00 元

（凡购买本社图书，如有缺页、倒页、脱页者，本社发行部负责调换）

谨以此书献给现代管理学之父彼得·德鲁克（Peter Drucker）。您的见解、理念和论述是我一生知识与灵感的源泉，将令我受益终生。

前言
PREFACE

感谢你阅读本书。在本书开篇，我将介绍企业如何运用合理的经营策略与技巧，提高销量与收入、削减成本、增加利润，进而实现企业蜕变。我认为，无论在哪种经济体制或竞争环境中，任何一家企业的成功都离不开这些策略与技巧。

阅读本书，你将快速掌握一系列切实可行的策略与技巧。在严峻的市场形势下，企业可以借助这些策略与技巧实现发展与繁荣。

此外，本书也会教你如何阐释企业的愿景、价值观和目标，并以此为纲，增加未来的收入和利润。

我也会在书中呈现我的个人心得，这些心得是我经过多年实践并研读关于战略、规划、营销、销售和商业成功的书籍后总结而成的。

阅读本书的同时，请思考如何将书中的策略与技巧应用到企业经营中，以更快的速度取得更好的结果。

企业经营就像生活中的许多事情一样，结果胜于一切。因此，在阅读本书的过程中，请思考如何借助书中的策略，以更快的速度取得更好的结果。

❂ 创作缘由

创作本书的缘由主要有两个。首先，无论你从事何种工作，无论你处在职业生涯的哪一阶段，我都希望本书能帮助你在事业上取得更大的成功。

其次，21世纪的商业环境日新月异且充满挑战，我希望本书为你提供一些实用的方法，能帮助企业摆脱困境，实现其振兴。

我将这些方法称为"涡轮策略"（Turbostrategy）。它们能帮助企业与管理者全面、快速、集中、有效地制定和执行策略,从而使企业与个人快速实现蜕变。

🔴 关注结果

在确定决策或行动的优先顺序时,可以遵循一个简单的法则,即以结果为依据。一项重要的决策或行动往往会产生意义重大的结果。意义越重大,决策或行动的重要性就越高。

根据这一法则,决策者最重要的任务往往就是进行战略思考与规划。正确的策略能为企业带来成功,错误的策略或没有策略只能导致企业破产。彼得·德鲁克说:"预测未来的最好办法就是去创造未来。"总之,策略是关键。

相关调查与研究表明,企业管理者几乎一致认为,在创造业绩方面,规划依然是当今最有效的管理方法之一。

❂ 简单的工具与方法

现在的企业高管每天都忙得不可开交，这导致他们很难抽出时间阅读大量文献资料，因此无法掌握战略思考的奥秘。实际上，管理者需要一套能帮助他们快速提升企业盈利能力的简单工具。本书的 21 条法则就起到了这样的作用。

当下，绝大多数企业都没有制定规划。个别企业虽然有规划，但在变化的经济形势下，这些规划已经过时了。本书将帮助你迅速完成对企业的规划分析，制定改善经营现状的策略。本书介绍的观点已经帮助许多企业实现蜕变，同样，你也可以找到令企业全面蜕变的方法。

目录

CONTENTS

绪　论	/ 001
第一章　立足当下	/ 008
第二章　结束过去	/ 014
第三章　完成基本的商业分析	/ 022
第四章　明确目标	/ 029
第五章　规划未来	/ 036
第六章　企业的使命陈述	/ 046
第七章　改造企业	/ 054
第八章　选择合适的人	/ 060
第九章　提升市场营销的效果	/ 071
第十章　分析竞争对手	/ 078
第十一章　更好、更快、更经济	/ 084
第十二章　调整市场营销组合	/ 096

第十三章　正确的定位助力企业成功	/ 108
第十四章　建立战略业务单元	/ 119
第十五章　提高销售业绩	/ 130
第十六章　克服障碍	/ 138
第十七章　企业再造	/ 146
第十八章　分析利润	/ 160
第十九章　持续改进	/ 172
第二十章　专注核心业务	/ 185
第二十一章　关注结果	/ 196
第二十二章　总　结	/ 205
涡轮策略步骤	/ 210

绪　论

在本书开篇，我想先讲一个故事。1951年的一天，阿尔伯特·爱因斯坦刚刚结束了一场对物理专业高级班学生的考试，走在返回办公室的路上，他的助教拿着学生们的答卷紧随其后。

面对这位20世纪最伟大的物理学家，助教有些怯生生地问："博士，您今天给这个班级出的考题不就是去年他们考过的题目吗？"

爱因斯坦思索片刻后答道："是的，题目完全相同。"

助教迟疑地问："您为什么连续两年对同一个班级使用同样的考题呢？"

爱因斯坦的回答十分经典。他说："考题相同，

但答案变了。"

这个故事的重点在于,考试的题目虽然没有变,但由于物理学的快速发展以及不断涌现出的新发现,同一题目的正确答案已不同于去年。

答案变了

这个故事也提醒了你和你的企业,即使是同一个问题,经过了一年,答案可能已经发生了变化,答案将在未来继续变化,甚至会一天一变。在一年、两年或三年内,企业的产品、服务、价格、工艺流程、市场营销、销售与盈利水平可能都会发生变化,有时甚至会同时变化。因此,你必须持续进行战略思考和规划。

企业当前采用的大多数经营策略往往是过去的延续。不管它能否为企业带来最大的效益,事实上,很多策略已经不再适用于当下的商业环境了。

许多管理者因循守旧,试图继续销售那些不再

绪 论

适合当下的产品和服务,殊不知市场早已发生巨变,在新的环境下,面对新的定价要求与限制条件,客户的需求和期望已不同于往日。

这些管理者就像汽车司机,同行的伙伴看着地图,告诉他:"我们走错路了。"

而司机却握着方向盘说:"那又怎么样?我们正在极速前进!"

很多管理者都在"极速前进",拼命工作以实现目标。但是,他们走错了路,这条路不符合现实,因为他们没有发现,答案已经变了。

灵活性至关重要

根据门宁格研究院(Menninger Institute)的分析,灵活性是成功企业所具备的最重要的特质之一。在日新月异的环境下,企业要摆脱困境并繁荣发展,管理者必须保持开放的心态,积极面对现实。他们必须接受自己可能走错了路的事实,并做好改变方向的准备。

根据美国管理协会（American Management Association）的研究，企业70%的决策最终都会被证明是错误的。这些决策在最初可能发挥了一定的作用，可能是明智的决策。但是，时过境迁，答案已经变了。当初做决策时所依据的信息已经改变，商业环境发生了巨变。

就像足球比赛的中场休息一样，你也需要暂停一下，重新评估当下的情况。你必须重新审视自己的假设，判断它们是否仍然有效，然后根据最新信息制订一个适合当下情况的战略计划。

有用是唯一标准

从前，有个人因心脏病发作去世，他的建筑公司由妻子接管。此人花了25年建立起这家公司，却忽视了身体健康，暴饮暴食，酗酒抽烟，从不锻炼，最终因病逝世。

此前他的妻子只是抚养子女、操持家务，对公

绪 论

司的情况知之甚少。如今,她要掌管这家资产达千万美元的建筑公司。公司是她唯一的依靠,也是最大的一笔家庭资产。

葬礼结束后的一个周一早上,她来到公司,召集所有管理者,请他们说明公司的经营情况。大家发现,她的确想了解公司,因此大家带她四处参观,向她描述公司的各种产品和服务。当他们介绍公司的某一系列产品时,她只是提了一个简单的问题:"销量怎么样?"

如果这一系列产品非常畅销,她就鼓励加大产量。如果销量不佳,她就建议放弃这一系列产品,或者调整策略以增加利润。

她总是问两个基本问题:"哪个有用?""哪个没有用?"

这成了她的管理风格。每次她来到办公室,总要召集管理者开会,或是四处走一走,问一问:"哪个有用?""哪个没有用?"如果某个做法毫无成效,她会要求改进或放弃这一做法。如果某个做法成效

显著，她会鼓励大家努力实践这一做法，加大在这一方面的投入。

然后她还会问："谁能出色地完成工作？""谁不能胜任工作？"接着立即进行人员调整，确保每个人都能做好本职工作，为企业做出重要贡献。对于无法胜任工作的员工，她会鼓励他们另谋职业。

☢ 每天实践该方法

你也可以采用同样的方法。无论出于何种原因，如果某种做法不能继续发挥作用，如果你无法取得进步，无法提升销售量与盈利水平，无法实现计划目标，那么你必须思考：这一做法是否还有价值？

如果依然有价值，就要给予鼓励。如果毫无作用，就要暂停，用全新的眼光审视企业的产品、服务、工艺流程或经营活动。

将以往的经验与陈旧的假设搁置在一边，只思考两个问题：哪个有用？哪个没有用？

绪 论

企业的成败主要取决于你能否从战略规划的角度来看待企业,确保你所做的一切有助于实现最重要的经营目标。

下面,我们将一起学习 21 条重要法则,帮助企业开展战略分析,使企业以超乎想象的速度前进,实现销售量目标、发展目标与盈利目标。

第一章
立足当下

在你所处的位置,用你所有的资源,做你力所能及的事。

——西奥多·罗斯福(Theodore Roosevelt)

规划的出发点是让企业充分认清现状,从各个角度分析"哪个有用?""哪个没有用?"

当前的销售额是多少?将销售额按产品、产品系列、服务、市场与销售渠道进行归类。你将哪些产品以何种价格卖给了哪些客户,盈利情况如何?

将目前的销售额与之前的预测和目标进行对比,它们是否一致?再将目前的销售额与去年的销售额进行对比,销售额是上升还是下降,是短期的还是

第一章 立足当下

长期的,对企业的未来预示着什么,你该采取哪些有效的应对措施?

现金流最重要

分析每种产品、服务与经营活动的现金流和盈利水平。利润在增加还是在减少?在预算内还是偏离了预算?再分析净资产收益率、投资回报率和销售回报率,它们在增长还是在降低?

吉姆·柯林斯(Jim Collins)在《从优秀到卓越》(*Good to Great*)一书中写道:要解决难题,实现目标,你需要直面一些"残酷的问题"。而如果你的目标是打造一家伟大的企业,为什么至今仍未实现?

在你的产品或服务中,哪些非常受欢迎,哪些带来的利润最高,哪些销路不畅,哪些给你造成了亏损?

当前的商业形势是有利的还是不利的,这种趋

势是短期的还是长期的？你是如何发现、如何确定的？下一步该采取哪些措施？

思维清晰是关键

规划中最重要的是"思维清晰"。你必须清楚所有问题的答案，如果对任何一个问题的答案含糊不清，都可能会招致麻烦甚至灾难。

你的企业在过去取得成功的原因是什么？企业现在拥有的最重要的技术和能力是什么？企业现在能提供的最优质的产品和服务是什么？

看一看身边的人。哪些对你的企业最重要？哪些价值已不如从前？哪些给企业带来净亏损？你必须认真思考这些"残酷的问题"，并找出答案。

客户是上帝

目前，企业的优质客户有哪些？最好的市场有

第一章 立足当下

哪些，在哪里？你提供的哪些产品或服务令客户最满意？哪方面的客户满意度最高？

你提供的哪些产品或服务让客户最不满意？你的客户和潜在客户更愿意从其他地方而不是从你那里购买的产品或服务有哪些？

确定自身优势

坦诚地看待自己。你有哪些出色的品质和能力？你为企业做出过哪些贡献？

将自己想象成一名医生，将企业当作人的身体，你正在给它做体检。你需要准确地掌握企业各个方面的关键细节，并将此作为未来行动的基础。每一步都要做到坦诚和客观。

哈罗德·杰宁（Harold Geneen）成功地将国际电话电报公司（ITT）打造成一家联合大企业。他常说："掌握事实，掌握真正的事实，而非表层的、期望得到的或显而易见的事实。掌握通过分析得出的

事实。事实不会说谎。"

■不可盲信假设

时间管理专家亚力克斯·麦肯齐（Alex McKenzie）曾写道，"错误的假设是失败的根源"。企业经营基于一定的假设，但有些假设可能是错误的，过去正确的答案放在今天可能是错误的，因为同一个问题的答案可能已经发生了变化。因此，你需要检查每个假设并思考：如果这个假设有误，将会导致什么结果？

如果你发现企业经营建立在错误的假设之上，特别是涉及关键人物、关键客户、重点产品和服务以及关键预测的假设，企业该如何调整？

在进行规划时，你需要客观坦诚地评估企业当前所处的阶段与情况。这是规划和战略思考的出发点，也是未来决策的基础。

▶ 实践练习

1. 目前，企业在哪些方面做得最好，哪些方面最

第一章 立足当下

令你满意？

2.企业哪些方面做得不尽如人意，最令你恼怒和沮丧的方面是什么？

3.企业最重要的产品和市场有哪些，企业收入来源中占比最大的产品和市场是哪些？

4.哪些人对企业最重要，哪些人对企业做出的贡献最多？

5.你掌握了哪些专业技能，你取得成功的关键原因是什么？

6.市场中发生了哪些重大变化，你应该采取哪些应对措施？

7.在关于你自己、员工、客户、市场、产品和服务的假设中，最重要的假设是什么？如果其中一个假设有误，将产生什么样的后果？应该采取哪些应对措施？

第二章
结束过去

人性深处潜伏着一些力量。一旦得到激发,其威力之大远超人的想象,它能使生活发生翻天覆地的变化。

——奥里森·斯韦特·马登(Orison Swett Marden)

当企业陷于困境时,董事会或企业老板通常会请危机管理专家来全权负责企业经营。之所以这样做,是因为危机管理专家此前未通过企业获得任何利益,他可以与过去划清界限,将注意力完全集中于企业的未来与发展。

为了在未来取得成功,你也应该担任你的企业的危机管理专家。为了做更多正确的事,必须先放弃那些错误的事。

第二章 结束过去

🔘 零基思考法

为了最大限度地保持灵活性,你可以运用一种思维工具,它不仅适用于现在,也可用于未来的职业生涯。这是我通过毕生阅读、研究和实践总结出来的我认为的最好的分析工具,我称之为"零基思考法"(zero-based thinking)。

下面我来简要介绍一下零基思考法。

我住在圣迭戈(San Diego)的兰乔圣菲(Rancho Santa Fe)社区附近。《福布斯》(Forbes)杂志将这里称为美国最昂贵的社区,平均一套房子的价格在 100 万美元以上,并且很快暴涨到 2500 万至 3000 万美元。该社区由圣菲铁路公司(Santa Fe Railway Company)于 20 世纪中叶建成,被认为是圣迭戈地区最豪华的精英社区。

兰乔圣菲的公约对用地规模与建筑设计进行了严格的规定。每幢房子必须遵循一定的色彩和结构要求,且占地面积不得少于 2 英亩(1 英亩 =4046.9

平方米）。由于这一区域开发得较早，许多房子已有50多年的历史，因此存在大量旧房屋，也就是房地产经纪人所谓的"待推房"（scrapers）。

在兰乔圣菲，"待推房"就是占地面积2英亩及以上，但居住面积狭小的破旧房屋。那些希望在这里享受尊贵生活的人发现，与其对这些房屋进行修复和翻新，不如直接用推土机推掉它们重建。事实证明，在一片优质土地上建造一座全新的房子比改造老房子更加经济实惠。

假设重新开始

"零基思考法"就是将这种面对"待推房"时的心态运用到企业经营的方方面面的方法。你不需要想方设法地对某些经营职能进行调整、变革或完善，只需要思考一个关键问题：从目前已知的情况来看，如果重新开始，我还会像现在这样做吗？

首先，如果重新开始，在现有的产品或服务中，

第二章 结束过去

有哪些是你不会再推向市场进行销售的？如果80%的产品和服务可能在5年内被淘汰，考虑到市场环境的变化，如果从头再来，你不会再向市场推出现在提供的某些产品和服务，那么企业首先要终止对这些产品或服务的生产或投资。

如果重新开始，现在的哪些员工是你不会再与之共事的？工作中大多数问题的源头，都是你要与难以相处的人共事。如果重新开始，你不会再与他们打交道。这时你的脑海中浮现出的人是谁？

如果重新开始，你是否会放弃与某些供应商、银行或卖家合作？随着时间的推移，许多业务关系可能已经没有价值了，因此你必须经常重新评估，尤其是当对方给你造成问题或不便时。

◎ 分析客户

如果重新开始，在现有的买家或服务对象中，是否有你不想再合作的客户？对于难以应付的客户，

许多企业都会思考这个问题，并根据答案确定是否放弃这些客户。有时，最明智的选择就是"炒客户的鱿鱼"。主动放弃这样的客户，另觅更加合适的客户。

评估运营情况

如果重新开始，在当前企业的经营支出中，是否有你不会再批准的支出？是否有你不会再开展的生产工序或业务？是否有你不会再投入的广告和营销，以及不会再使用的销售方法？你需要不断问自己："哪个有用，哪个没用？"

留意信号

一般情况下，你能分辨出自己是否在运用"零基思考法"，因为当你运用该方法时，你会感到持续的紧张、愤怒、沮丧和不快。你会不断思考，下班

第二章 结束过去

回家后也会与家人在饭桌上进行讨论。有时,这种思考甚至还会让你彻夜不眠。

无论何时,一旦工作进展不顺,或者无法按预期进行,或者让你感到紧张、愤怒、沮丧或让你蒙受经济损失,你应当问自己:"从目前已知的情况看,如果重新开始,我还会这样做吗?"

如果答案为"不",你需要进一步思考:如何摆脱当下的困境?需要多久才能摆脱困境?

必须果断

如果某种措施毫无效果,你必须果断终止,这一点十分重要。你需要解雇某位员工,终止供应某个产品或服务,取消某项业务或开支,或者变革经营方法。所有这些不会自行完善,放弃只是时间问题。那些最终决意摆脱困境的管理者都会说:"我早该这么做了!"

🔘 不断实践

在未来的职业生涯中,你应该将零基思考法作为"进步"方法,运用于每天所做的每件事中,也可以运用于企业的各个部门。你可以运用这种方法分析所有的产品、服务、工艺流程、程序和员工,从目前已知的情况思考,如果重新开始,你是否还会像现在这样做?如果答案是否定的,你应该尽快做出改变。

▶ 实践练习

1. 从企业的各个方面入手,从目前已知的情况看,假设重新开始,你还会做今天正在做的事吗?

2. 如果重新开始,你是否会拒绝雇用、任命、提拔某些员工或与之共事?

3. 如果重新开始,你是否会放弃将某些产品或服务推向市场?

4. 如果重新开始,你是否会放弃某些投资?

第二章
结束过去

5. 如果重新开始，你是否会放弃某些业务或工艺流程？

6. 如果重新开始，你是否会放弃某些客户或市场？

7. 如果重新开始，你是否会改变你的职业决策？

第三章
完成基本的商业分析

提出正确的问题与给出正确的答案都需要讲究技巧。

——罗致恒富公司（Robert Half）

当你去做全面体检时，医生和护士会遵循一套程序。首先，他们会检查你的身体机能，确定整体的健康水平。他们会测量你的脉搏、体温、血压和呼吸频率，然后采集血液和大小便样本进行化验。在更加全面的体检中，医生还会检查你的心脏、肺、肠等身体器官，从而更加清晰地了解你的身体健康水平。完成这些检查后，医生就可以准确判断你的身体健康状况。

同样，在企业的经营过程中，你也需要不断思

第三章 完成基本的商业分析

考几个基本问题。周围环境的变化越剧烈,你越应该思考这些问题,并找到准确的答案。

❖ 从基本问题开始

商业分析的第一步是提问:我所从事的究竟是什么行业?

许多企业忙于日常经营,却忽略了经营的真正目的:为某一类客户提供某种服务,或实现某个目标。

例如,在很多年前,美国的铁路公司以为自己经营的是铁路生意,实际上,他们从事的是运输行业。由于未能准确认识到行业属性,铁路公司错过了海洋运输、公路运输和航空运输的业务。没过多久,铁路公司的市场被经营这些业务的对手抢占,很多铁路公司因此走向破产。

在刚开始从事演讲时,我认为自己从事的是培训业。但很快我就意识到,我的工作是为个人和企

业提供行之有效的实用方法，帮助他们实现目标。

基于这一认识，我不仅举办演讲和研讨会，也制作了音频与视频文件、出版图书、设计培训课程、开展在线学习等，其中就包括"涡轮策略"的开发与宣讲。

☢ 以客户为中心

第二个必须思考的问题是：我的客户是谁？也就是现在是谁在购买你的产品？这需要详细描述你的理想客户，包括客户的年龄、收入水平、受教育程度、职位、态度、居住地点以及兴趣爱好等。很多企业无法准确回答这些问题，连客户的心理特征及人口统计特征都不清楚。

按照目前的发展趋势，未来哪些人会成为你的客户？如果要在未来的市场竞争中胜出，你应当发展哪些客户？如果对产品或服务进行变革、完善或升级，将吸引哪些客户？

第三章
完成基本的商业分析

明确你的产品

第三个问题是：客户为什么购买我的产品？在与你进行交易时，客户寻求或希望获得怎样的价值、利益、结果或差异性？在产品或服务给客户带来的全部利益中，客户最看重什么？如果能确定并提升这种独特的利益，企业就能在市场上取得竞争优势并且成功。

接下来你需要思考：我在哪些方面做得特别好？在哪些方面比竞争对手优秀？客户只会从特定的企业购买产品或服务，因为他们认为该企业提供的产品或服务在某些方面优于其他企业提供的产品或服务。

美国通用电气公司（General Electric）的前首席执行官杰克·韦尔奇（Jack Welch）有句名言"如果你没有竞争优势，就不要参与竞争。"他的理念是，通用电气公司在其所处的每个细分市场都应该数一数二，否则公司就要退出市场。你的企业在其所处的市场上是否名列前茅？你有能力做到吗？为了获得这样的市场地位，你有哪些计划？

❖ 明确竞争对手

第四个问题是：我的竞争对手是谁？这一问题我们将在第十章进行深入探讨。

明确了竞争对手后，你必须思考：为什么潜在客户不愿意购买你的产品或服务，而是选择购买竞争对手的产品或服务？客户认为竞争对手能提供哪些你不能提供的价值或利益？如何打消客户的这种看法？

❖ 设定明确的目标

在为企业做"体检"时，你还必须思考第五个问题：我的目标是什么？你想达到什么目的？如果目标明确，阻碍你实现目标的原因是什么？

无论对工作还是个人生活，你都需要设定明确的、可衡量的目标，并将这些目标写下来，设定截止时间。此外，你还应设定短期目标、中期目标和长期目标，将每一个目标写下来，并附上实现目标的计划。因为你无法击中一个看不见的目标。

分析每天或每周所做的每件事。如果，20%的活动能够创造80%的成果，那么这20%的活动包括什么？有时，通过不懈努力，10%的活动就能创造90%的成果，这10%的活动包括什么？

☢ 以行动为导向

为了增加销售量，提升市场地位，首先需要做什么？

在找到上述问题的答案后，另一个值得思考的问题是：我为什么从事这一行业？企业存在的意义是什么？企业应该承担哪些社会责任？如果企业停止经营，会给社会带来什么损失？

你每年都要向有关部门证明企业继续经营的必要性，那么，你要如何解释企业为客户的生活或工作提供了怎样的服务、帮助或价值？

在经营过程中，你要经常思考这些问题，在个

人生活中也可以思考这些问题。如果不清楚或不能准确回答其中的某些问题，企业就会面临危机。

▶ 实践练习

1. 企业的目标是什么？你希望达成什么目的？

2. 谁是你的理想客户？请准确描述你的理想客户。

3. 客户为什么购买你的产品或服务，与竞争对手相比，你有哪些特殊优势，能为客户提供哪些竞争对手无法提供的利益？

4. 企业从事的行业是什么？从企业能为客户做什么与企业能够实现哪些价值这两个方面进行描述。

5. 为企业带来80%成果的那20%的工作有哪些？

6. 你的竞争优势是什么，在哪些方面有卓越的表现，在哪些方面优于90%或以上的竞争对手？

7. 针对上述问题的答案，你应该立即采取哪些具体的且可衡量的行动？

第四章
明确目标

只要你知道自己要去哪里,全世界都会为你让路。

——拿破仑·希尔(Napoleon Hill)

实施"涡轮策略"的第一步是明确企业的核心目标。明确了各个方面的目标后,你就可以找到实现目标的最佳步骤。

❖ GOSPA 模型

你可以用 GOSPA 模型进行规划。GOSPA 模型中的五项思维工具构成了企业成功的基础。

■ **牢记目标**

GOSPA 中的首字母 G 代表目标（Goals），即你要实现的最终结果，是企业在一个经营年度或计划周期内要达到的目标，涉及销售量、利润、增长率、市场份额、资产回报率、净资产回报率、投资回报率或销售回报率，这些目标应当具有可衡量性。请思考，你为企业制定了哪些目标？

■ **逐步攀登**

GOSPA 中第二个字母 O 代表企业的阶段性目标（Objectives），也称为子目标或为了实现最终目标而制定的步骤，就像通往梯子顶端的一级级横栏。

企业的阶段性目标可以是具体的广告收益率、某种产品和服务的销售量、发货并开票的产品数量、收讫的钱款以及某些活动的开支。降低不良影响或提高每个客户产生的销售额也可以作为企业实现最终目标的阶段性目标。请思考你为企业制定了哪些阶段性目标。

第四章 明确目标

■策略

GOSPA 中的字母 S 代表策略（Strategies），即为了实现阶段性目标与最终目标所采取的各种措施。例如，为了达到一定的收益，企业需要以某种方式生产一定数量的产品或服务，并将其销往市场。实现目标的方法多种多样，你所选的方法就是策略，它能决定企业经营的成败。

请思考，你的企业是承担了生产、营销、销售和配送的全部工作，还是将部分业务外包给其他公司？你的企业采用哪种销售方式？是直销，零售，还是通过直接邮寄的广告、目录或互联网进行销售？你的定价是偏高还是偏低？采用向上销售、交叉销售还是打折销售？你的企业是否进入了某类市场，并放弃了其他市场？你采取了什么策略？效果如何？

■计划

GOSPA 中的字母 P 代表计划（Plans），即为了实现目标而制订的行动方案。计划包括行动步骤，

规定了每一天应该做什么，才能从当前的阶段达到你所期望的阶段。计划可以按照优先顺序进行分解和执行。

必须先完成某些任务，再完成另一些任务。就实现最终目标或阶段性目标而言，有些事情比其他事情更加重要。如果按照优先顺序制订计划，就可以用更少的时间完成更多的目标。

企业的经营过程几乎全部由项目组成。一个项目就是一项多任务工作（multitask job），它由许多小任务构成，顺利完成这些小任务，最后一项大任务就完成了。在任何领域，决定成功的最重要的因素是能否计划、组织并完成更大、更复杂的多任务工作。

■侧重行动

GOSPA中的最后一个字母A代表行动（Actions），即具体的任务。完成这些具体任务，才能完成计划，进而执行策略，实现阶段性目标，从而实现最终目标。

第四章 明确目标

必须对每项重要任务设定明确的要求、可衡量的目标与截止时间。每项任务都需要指定执行者，该执行者必须具备相应的能力，能够在预计范围内准时、准确地完成任务。请记住，要对结果做评价。

聚焦盈利

"涡轮策略"的核心目标在于增加企业的现金流和利润，提高企业的投资回报率，使之达到令你意想不到的水平。总之，与现在所实施的策略相比，涡轮策略能帮助你赚到更多的钱。

通常情况下，员工、资金与人才是影响企业成功的重要资源，必须将这些资源集中起来，才能取得最好的成果。为此，必须实施优秀的战略。

完善企业经营的四大方法

制定战略需要明确以下四个方面：第一，必须

明确在哪些方面增加投入。明确哪些措施取得了成效，哪些产品和服务很畅销，哪些产品、服务和业务最赚钱。

第二，必须明确在哪些方面减少投入。明确哪些措施没有成效，哪些人或做法对企业发展和盈利的贡献甚微，根据当前的市场和客户情况，应该终止或淘汰哪些做法，对于贡献甚微的方面，你应该如何降低成本。

第三，你打算做哪些至今从未做过的事。为了增加销售量并提高盈利水平，或者为了完善经营，提高效率，你应该推出哪些新的产品、服务或业务。

第四，你打算放弃哪些做法。请记住，时间和金钱是十分宝贵的资源。改进结果的唯一方法是终止某些行为，这样，你可以将稀缺资源转移到能够带来更多效益的地方。

战略成功的关键在于思维清晰。如果你能多花一些时间，明确企业的自身情况及目标，你将会取得更大的成功，获得更高的利润。

第四章 明确目标

> **实践练习**

1. 在销售量与盈利能力方面,你有哪些具体的、可衡量的长期目标?请将这些目标写下来。

2. 为了实现最终目标,你在销售量、人员、生产、配送与客户开发方面制定了哪些具体的阶段性目标?

3. 你可以通过哪些方法实现阶段性目标和最终目标?在当前的市场中,你能采取的最佳策略是什么?

4. 为了提高销售量和盈利水平,你应当注重并增加哪些方面的投入?

5. 根据现有经验,你应该在哪些方面减少投入,哪些做法收效甚微?

6. 你应该做哪些至今从未做过的事情,有哪些机会可供利用?

7. 为了将资源转移到能产生较高效益的业务上,你应该放弃哪些做法?

第五章
规划未来

我们被赋予能力与力量,能够在内心创造一个理想世界,并自动将它们印在外部世界中。

——约翰·麦克唐纳(John McDonald)

不久前,我为一家资产规模达1720亿美元的企业高级管理人员举办了一场战略规划会议。当时,因企业变革、市场竞争和政府新政,这家企业经历了巨大动荡,进行了裁员、缩小了经营规模并撤销了部分投资。参加这次会议的人员都是经历动荡并得以留在企业内的高级管理人员。但是,企业的裁员并未结束。在这种情况下,这些高管们对自己的未来忧心不已,无法专注于当下的工作。

第五章
规划未来

🔅 进行五年畅想

为了让他们将精力集中在当下,我在会议开始时采用了一种名为"理想化思考"(idealization)的方法,要求这些高管对未来五年进行畅想。这个方法也适用于任何人。

"我们先不考虑现状,"我提议道,"请告诉我,在各个方面都十分理想的情况下,五年后企业会变成什么样子?"

这个问题让高管们将注意力从当前面临的问题转移到企业未来的可能性上。

与会者一边绕着房间走动,一边描绘理想状态下企业的未来。我将每个人的想法写在活动挂图上,然后钉在墙上,让每个人都能看见。不到半个小时,我们就提出了27条有关理想的未来的描述。

随后,大家对这些理想状态下的目标进行投票,并按优先性进行排序。最后,我们得出了一系列清晰的阶段性目标,包括较高的盈利水平、良好的市

场声誉、较高的股票价格、杰出的领导能力、优质的客户服务、卓越的职场环境、科学管理、快速发展、赢得业内最高声誉等。

❖ 思考可能性

接下来我问他们："这些目标可行吗？"在对目标逐条讨论后，大家一致认为，所有目标在五年内都有可能实现。也许一两年内难以实现，但只要有意志和决心，五年后，每个目标都能变为现实。

会议结束后，每个人都非常振奋，决心要努力实现五年目标。在之后的两年里，企业完成了重组，在一些方面增加投入，在另一些方面减少投入，开始做一些过去从未做过的事，同时放弃了一些经营活动。最终，企业改变并掌握了自身的命运。

第五章
规划未来

🌐 思考未来

以未来为导向是进行战略规划和战略思考的关键，也是各行各业领导层与高层管理者的主要职责。只有领导者才会思考未来，只有领导者才会规划未来，组织中的其他人无法担负这一重任。如果领导者不能将思考未来和规划未来纳入到当前的工作中，企业的未来规划就无从谈起。正如阿拉斯加人所说："只有领头的雪橇犬才能有不同的视角。"

企业的高层领导者能否经常且深入地思考未来，将在很大程度上决定企业的成败。如果不知道要去哪里，就无法选择正确的道路。

要具备以未来为导向的能力，必须先学会构想企业的理想的未来。假设在各方面理想的情况下，对未来3—5年的企业发展进行规划。你要明确企业未来的销售业绩和盈利水平，设想理想状态下的股票价格、市场声誉、职场环境与人文环境。

❂ 以未来视角思考现实

当你对理想的未来有了清晰的认识之后,接下来就需要回到现实中进行思考。为了使愿景变为现实,你必须思考从现在开始应该做什么。这就是所谓的"以未来视角思考现实"。

列一张清单,写出在实现愿景的过程中可能发生的所有情况。当你从未来出发看待现实的时候,你会惊讶地发现自己的观点发生了改变。就像站在山顶眺望山脚的自己时,你会看到一条可以通往山顶的正确道路。

❂ 领导者要有愿景

曾有研究者对 3300 位领导者进行了调查,以找出不同年龄段领导者的共同特质。结果发现,所有领导者共有的特质就是拥有愿景。领导者必须有愿景,否则难以承担重任。

第五章 规划未来

要构想愿景,你必须培养自己想象、定义、表达、分享的能力,并且善于用振奋人心的未来蓝图来鼓舞他人。这样,企业内的所有人都会为实现愿景而努力工作。这正是领导力的核心,也是成就伟大企业的关键。

如果想成为领导者,无论是在工作中还是在个人生活中,你都需要像领导者那样进行思考,思考未来,思考如何将未来变为现实。

描绘振奋人心的愿景

《圣经》上说:"没有愿景,人就灭亡。"这并非指肉体的死亡,而是指人们会丧失勇气,失去了倾尽全力的决心和热情。如果领导者不能清晰地描绘出一个振奋人心的愿景,员工在工作中就会敷衍了事,只为保住饭碗而做些基本工作。

不幸的是,许多企业根本就没有愿景。起初他们也有激动人心的愿景,希望实现前所未有的目标。

然而随着时间的推移，受到市场动荡的影响，他们逐渐忘记了企业经营的初衷，即为客户的工作和生活带来有价值的改变。

不幸的是，很多企业的关键决策者对愿景绝口不提，只关注企业的日常经营。他们只考虑如何让企业生存下去，甚至会说自己没有时间考虑"愿景这类东西"，因为他们正忙着救火。

⚛ 愿景在当下尤为重要

在这个瞬息万变的时代，一个振奋人心的愿景比以往任何时候都显得更加重要。愿景可以转化为凝聚团队的力量。即便时局艰难，加薪无望，它也能让人们找到工作的意义与目标。

为组织构想愿景的方法有很多。企业最理想的愿景包括两个部分。第一，愿景的重点在于客户，你应该致力于在一定程度上改善客户的生活或工作；第二，愿景中包含对卓越的追求，即致力于为客户

第五章 规划未来

提供最佳的产品或服务。

你的愿景应该是把客户认为最重要的事情做到最好,即为客户提供最优质的产品或服务。你为客户所做的所有事情中,如果有一件事做得极为出色,这件事是什么?这个问题的答案就是企业愿景的出发点,它能彻底改变企业的未来。

个人愿景

你也需要为自己构想一个愿景,想象未来五年的个人发展。在各方面理想的状态下,你在未来将变成什么样子?如果未来你的收入、在公司的职位、家庭生活和健康等各个方面都非常理想,这与现在的情况有哪些不同?

明确了个人和企业的愿景后,你只需要思考一个问题:如何实现这个愿景?有远见的人会不断思考这个问题,并考虑应该采取哪些行动。

有了清晰的愿景,并明确如何将其变为现实之

后，你需要每天为实现理想的未来而努力，使命运掌握在自己手中。正如彼得·德鲁克所说："预测未来的最好方法就是去创造未来。"愿景就是一切的起点。

▶ 实践练习

1. 你为企业设计了什么样的愿景，在各方面理想的状态下，企业的未来将如何？

2. 你为自己设计了什么样的愿景，如果生活和事业的各个方面都很理想，你的未来将如何？

3. 假设企业的各个方面都很理想，理想状态下的产品、服务、销售量与盈利水平如何？

4. 想象理想状态下的员工，如果员工拥有完美的技术、能力与个性，能够完美地完成任务，他们会与现在有哪些不同？

5. 如果一家杂志要报道你的企业，你希望他们怎么写？

6. 展望未来五年，然后再从未来出发思考现实，

第五章 规划未来

为了实现这个理想化的未来,从现在开始,你需要做出哪些改变?

7. 假设企业被公认为"最优秀的企业",哪方面对销售量与盈利水平最有帮助?为了赢得这样的声誉,你应该立刻采取哪些措施?

第六章
企业的使命陈述

一个人只要充满自信地朝着他梦想指引的方向前进,努力去过他心中想象的那种生活,那他就会获得在平时意想不到的成功。

——亨利·戴维·梭罗(Henry David Thoreau)

维克多·弗兰克尔(Viktor Frankl)是一名奥斯维辛集中营的幸存者,也是意义疗法(Logotherapy)的创始人。他通过毕生的研究和实践总结出这样一个观点:每个人生命中最深层次的需求是对意义和目的的需求。这一结论同样适用于由不同背景的人所构成的企业。

企业必须公开陈述自己的使命,因为它能为员

第六章
企业的使命陈述

工赋予意义与目的。使命能为人指明方向,激发人们的忠心与决心,它能让人们知道自己是谁以及自己的立场是什么。使命陈述解释了企业活动与日常工作的理由和重点。

❂ 目标宣言

使命陈述要体现企业的抱负与存在目的。它是企业未来形象与目标的当下宣言,也完美阐释了企业最初的经营目的。

使命陈述来自企业的愿景与价值观,它用有形的方式描述了企业的未来。一个好的使命陈述应该包括衡量的标准,你可以借此判断企业是否完成了使命以及取得了哪些进步。

❂ 明确价值观

陈述企业使命的第一步是明确企业的价值观。

价值观是一个人生活和决策的组织原则。价值观是你存在的核心，使你成为一个完整的人。随着时间的推移，你的外在世界逐渐反映出你的真实内在。正如《圣经·旧约》所说："因为他心怎样思量，他为人便是怎样。"

杰出的商业人士与平庸的人相比，主要区别在于他们拥有清晰的价值观。他们知道自己是谁，知道自己支持什么、反对什么。他们有强烈的是非观，能够根据自己的价值观坚定、自信地做出决定。

你的价值观是什么？你的企业信奉和支持的价值观有哪些？请列出三至五项。我为许多企业做过战略规划，他们信奉的价值观存在一些共通性。最常见的有诚实、优质、卓越、服务客户、关心他人、盈利、创新和高度自尊。

■企业和它的信念

小托马斯·约翰·沃森（Thomas J.Watson，Jr.）在《一个企业的信念》（*A Business and Its Beliefs*）一书中提到了 IBM 公司的三大基本价值观：追求卓

第六章
企业的使命陈述

越、服务顾客、尊重个人。自 IBM 创建以来，这三项价值观一直是它的指导原则。员工一旦违反了其中任何一项，就会在工作中犯错。IBM 的每位员工都在工作中以及与客户的交往中践行着这些价值观，这是他们的骄傲。IBM 之所以能成为一家伟大的企业，这三大价值观发挥了重要的作用。

明确了企业的价值观之后，你需要从行动上界定每一个价值观的含义。例如，对"诚实"而言，可以这样定义：以坦诚的方式对待企业内外的每一个人，努力树立并维护"公平对待员工、客户、供应商、银行与政府机构"的声誉。

此后，如果以诚实作为决策的关键依据，你应当重温价值观宣言，并以此为指导。我的一位客户曾说过一句意味深长、令我难忘的话："诚实本身并不是真正意义上的价值观，而是所有其他价值观的保证。"

打下坚实的基础

明确了价值观之后（最初只需要三至五项价值观即可），你可以根据这些价值观精心设计使命陈述。使命陈述必须包括企业要树立什么样的形象，完成什么样的目标，以及如何履行使命。

下面是一个使命陈述的范例：我们以诚信为本，竭诚为员工和客户服务，致力于为美国的所有家庭提供高品质的安全系统产品，实现销售量与盈利的双重领先。

每一个使命陈述都应包含某种衡量标准，以判断企业是否取得了进步。如果目标是"成为国内领军企业"，那么你必须明确企业的月度销量目标与年度销量目标。

在雷克萨斯（Lexus）与英菲尼迪（Infiniti）进入美国汽车市场时，它们的使命都是要成为君迪（JD Power）客户满意度调查的第一名。此后的三年中，雷克萨斯与英菲尼迪一直并列君迪客户满意度的第一名。它们实现了各自的目标，履行了各自的使命。

第六章
企业的使命陈述

☢ 让他人参与

如果有更多的员工可以参与制定使命陈述,那么员工对企业的忠诚度与投入度将会日益提升。你可以召开会议,让员工针对企业的价值观发表意见和看法,对价值观进行讨论和投票,选出最受大家认可、最重要的价值观。企业的使命陈述需要符合员工信奉的主要价值观。

制定了使命陈述之后,你可以将其置于企业的各个地方,让企业内外的所有人都能了解企业的愿景、价值观、意义与目标。你可以将使命陈述印在企业的宣传材料上,也可以将它公布在网站上,让员工以企业的使命为荣。

☢ 《财富》世界 500 强榜单

肯·布兰查德(Ken Blanchard)和诺曼·文森特·皮尔(Norman Vincent Peale)一起创办"《财

富》世界500强榜单"（*The Fortunate 500*）时，研究了来自不同行业的众多企业。结果发现，无论在哪个行业，与那些没有明确的价值观或没有以书面形式呈现价值观的企业相比，那些以书面形式充分阐述其价值观与使命（且每位员工都清楚企业的价值观与使命）的企业具备更强的盈利能力。

具有明确价值观与使命陈述的企业有更高的经营效率，能够更好地对待员工和客户，从而赢得更高的客户忠诚度，也更容易取得贷款。无论在繁荣时期还是萧条时期，这样的企业总能取得更好的业绩。

个人的使命陈述

作为个人，你也应该阐述自己和家庭的使命，明确自己和家庭的信仰、立场和目标。你应该将使命写下来，并根据家庭生活与情况变化不断进行修正与更新。它将为你的生活带来惊喜的改变。

第六章
企业的使命陈述

▶ 实践练习

1. 你为什么从事当前的工作,是什么让你的生活有了意义和目标?

2. 确定三至五项企业信奉的价值观。请其他人一起参与讨论这些价值观。

3. 在企业内外,员工的哪些行为符合企业的价值观?

4. 设计一份使命陈述,描述企业希望在未来为客户提供的服务。

5. 将你的价值观、价值观的含义以及你的使命写下来,与员工和客户分享。

6. 就个人的职业生涯做一份使命陈述,你想实现哪些目标?你希望别人如何看待你?

7. 书写你个人与家庭的使命,在未来几年,你和家庭要实现哪些目标?

第七章
改造企业

天才总会从异于常人的角度看待世界万物……

——哈夫洛克·埃利斯（Havelock Ellis）

美国通用电气公司的前董事长杰克·韦尔奇曾经说过："如果企业内部变革的速度跟不上外部变化的速度，企业将走向末日。"

在动荡时期，应该根据外部环境的变化随时准备改造企业。你可以做一个练习：假设现在就要对企业进行改造，你会开展哪些新业务，放弃哪些业务？

第七章
改造企业

☢ 资源包

为了从更广阔的视角认识企业,你可以退一步思考,将企业看作一个资源包,就像一根装着才华与能力的消防水管,瞄准不同的方向就会产生不同的结果。不要狭隘地将企业视为只能履行某些职能、生产和销售某些产品与服务的组织,相反,你要相信,企业有能力完成许多至今从未有人完成过的事情。

☢ 一场大火

当你思考如何改造企业的时候,可以想象这样一种情况:在你外出时,企业被一场大火烧成了灰烬。你赶到现场后,发现员工全都安然无恙地聚集在停车场。

恰巧对面有一间空置的办公室,你们可以马上搬入,重新开始营业。此时,你要思考一个问题:

根据现在所知的情况，你会立即开始生产和销售哪些产品与服务，放弃哪些产品与服务？

⚛ 审查每一段关系

如果现在重新开始经营，彻底摆脱过去的累赘，你首先应该拜访哪些客户，放弃哪些客户？立即联系哪些销售公司、供应商、银行或其他人，哪些会留到以后需要时再联系？首先要做的是什么，第二步要做的是什么，就现在已知的情况，哪些事情是你不会再做的？

⚛ 重建员工关系

现在，让我们再回到停车场。假设所有员工安然无恙，站在那里等待指令。那么，你会将哪些人带到对面的新办公室去，会将哪些人留在停车场？你希望最先保护的、对企业最重要的人是谁？排在

第七章 改造企业

第二位的是谁？排在第三位的是谁？以此类推。

☢ 审视企业

如果重建企业，你会在哪些方面增加投入，在哪些方面减少投入，你会开展哪些新业务，彻底放弃哪些业务？

在改造企业的时候，你需要扪心自问：对我而言，最重要的才能、技术、能力与核心素养有哪些？我能利用它们做什么？最优秀的员工是谁，他们还能为企业做什么？

如果从头再来，你要如何改造企业？对于这个问题的思考可以让你一直保持在创新与创造的最前沿。

☢ 追求卓越

改造企业的核心问题在于，在当前的市场上，你的企业最擅长的是什么，企业能在哪些方面做到

最好，哪些方面能够达到世界级水平，哪些方面能胜过 90% 的竞争对手？

在市场上，只有卓越的产品与服务才能得到回报。企业应该在哪些方面以什么方式做到出类拔萃？

改造个人和事业

最后，你需要经常思考如何对自己以及你的事业进行改造。如果从头开始，你会在哪些方面增加投入，在哪些方面减少投入，开始做什么，放弃做什么，从事哪些工作，放弃哪些工作？

如果重新开始职业生涯，你想掌握哪些知识和技能？从今天开始，如何获得这些重要的技能？假设你可以从事各种各样的工作，你真正想做的是什么？

在整个职业生涯中，你需要不断对自己进行改造，因此必须提前思考如何有效地完成改造。

第七章 改造企业

> **实践练习**

1. 如果现在重新开始经营,你会做出哪些改变?

2. 如果现在重新开始你的职业生涯,你想做什么,不会做什么?

3. 假设你的企业被烧成了灰烬,现在只能提供一种产品或服务,你会提供哪种产品或服务?

4. 如果重新开始,对你而言,哪些客户最重要?

5. 对你而言,在企业内与企业外,最重要的人是谁?

6. 如果从头开始,你最想维持哪些社会关系与业务关系?

7. 如果资金没有问题,你会采取哪些措施来改造企业?

第八章
选择合适的人

长眠于此地的人,懂得任用比自己能力更强的人。

——摘自安德鲁·卡内基(Andrew Carnegie)的墓志铭

员工是企业经营中最关键的要素。所有的工作、业绩、成果都要靠员工的个人努力与团队协作来完成。事实上,管理者的成绩就是他所领导的团队及其成员的成绩。

在商界,人是第一位的。只有雇用了合适的员工,才能完成工作任务、开展业务活动、取得工作业绩。吉姆·柯林斯在《从优秀到卓越》一书中指出,打造卓越企业的关键就是"先让合适的人上车,然后让不合适的人下车"。除此以外的任何方法都注

第八章
选择合适的人

定会失败。

⚛ 优秀员工的两大特点

优秀员工必须具备两大特点。第一,他们值得信任,能够按时并且出色地完成任务;第二,他们是优秀的队友,能与其他人融洽相处。

你要经常用"零基思考法"去分析每一位员工。不断反问自己,就目前所知的情况,如果重新开始,我还会雇用或提拔这个人吗?

如果答案是否定的,请接着思考,我该如何解雇或替换这名员工,我需要多长时间完成这项工作?

⚛ 招聘急不得

要为团队找到合适的成员,你必须谨慎遴选。在《与鲨共泳》(*Swim With the Sharks Without Being Eaten Alive*)一书中,作者哈维·麦凯(Harvey

McKay）提到，他为一个销售职位面试了35位应聘者，但最后一个也没有录用，因为他没能从中找到适合该职位的理想人选。而且，有时你最先看中的人往往不是最适合的人。

在政治上，人们总说"人即政策"，这对私营企业同样适用。你所选拔的人员能够反映出你的价值观与处世态度。你的用人选择可以告诉周围的人，你的企业是什么样，未来将实施怎样的管理制度。所以在招聘新员工时切不可操之过急。

考虑周全是优秀管理者的重要品质。特别是为重要岗位选拔合适的人员时，这一品质尤为重要。你需要花费大量时间分析工作岗位，才能做出正确的用人决定。

分析工作岗位

首先要根据具体的产出与成果来明确工作任务。将一个工作岗位视为一根输送管道，一端输入时间、

第八章 选择合适的人

金钱和资源，另一端输出具体的结果。明确你希望获得什么样的结果。

明确了你想获得的结果，接下来需要为每项工作和任务制定明确的业绩衡量标准，用以衡量应聘者的工作是否达标。请记住，要对结果做出评价。如果无法衡量员工的目标完成情况，就无法进行管理。

☢ 审查过去的业绩

明确了任务目标与衡量任务完成情况的标准之后，你可以确定应聘者必须具备哪些技能与能力才能取得这些结果。正如彼得·德鲁克所说："能准确预测未来业绩的唯一指标是过去的业绩。"

在求职时，大多数人会依据自己未来能做什么进行自我评价。但企业承担不起这样高额的代价。你必须训练自己，将注意力放在一个人已经取得的成绩上，这是你在做出录用决定时需要考虑的首要因素。

皆三法则

有一个非常有效的法则,可以帮助你做出更加明智的录用决定。该法则能放慢你的招聘流程,提升最终决策的质量。这是一条简单、有效的法则,我称之为"皆三法则"(Law of Three)。

首先,在做出录用决定之前,至少对应聘者进行三次面试。第一次面试时,应聘者会展示出自己最好的一面。人是感情动物,所以你可能会受到富有魅力的应聘者的过度影响,甚至在冲动之下做出录用决定。要时刻提醒自己,仓促做出的录用决定往往会出错。

其次,结合上述情况,如果你欣赏某位应聘者,需要在三个不同的地方对他进行面试。第一次在办公室面试时,应聘者可能表现得十分出色,第二次在会议室,第三次在公司对面的咖啡馆进行面试时,这位应聘者则可能会判若两人。

第八章 选择合适的人

提前相处的意义

在我的职业生涯早期,一家大公司的总裁有意给我安排一个责任重大的职位。在约我见面讨论薪酬与岗位要求之前,他提议一起开车去他郊外的农场。我们驱车三个小时左右抵达那里,然后围着农场,一边散步一边聊天。"面试"结束后,他录用了我。事实上,他通过这种方法,用足够多的时间找到了我们今后和谐相处的感觉。

公园散步

几年后,我与资产达 10 亿美元的一家企业的总裁商讨战略规划会议的举办问题。企业的所有高层管理者都要参会,会议地点定在一处距公司较远的度假胜地,会议时间为三天,主要任务是讨论企业的未来。

突然,他站起来说:"我们出去兜个风吧。"

他让秘书将车开到大楼前，载着我们一路来到城市公园。下车后我们开始散步，用了近一个小时，一边赏花，一边聊各自的家庭和人生观。最后他对我说："好了，就这样，我们开始工作吧。"

我们开车回到办公室，签署协议，一切进展顺利。同样，他也用这种方法对我进行评估，判断我能为企业做什么。

不要独自做决定

在三个不同的地点对中意的应聘者进行三次面试后，下一步就是再请三个人对该应聘者进行面试，切不可仅凭自己一人的判断做决定。多听取他人的意见，特别是该应聘者的未来同事。

有时，在你面前表现优秀的应聘者会在未来同事面前暴露出他所隐藏的一面。在多数情况下，我会让其他员工对我中意的应聘者提出反对意见。我从不会忽视员工的反对意见，也从未因此感到后悔。

第八章 选择合适的人

相反,他们帮助了我很多次。

❖ 仔细听取推荐人的意见

完成了上述步骤后,"皆三法则"的最后一步是至少听取三位推荐人的意见。如果应聘者的前任雇主因担心法律责任而不愿提供任何信息,你可以问这样一个问题:你还会再雇用这个人吗?

如果答案不是明确的"是",你就需要提高警惕了。询问一下应聘者,为什么他的上一任雇主不愿再雇用他。仔细倾听他的回答,他的答案可能具有决定性的作用。

❖ 寻找"金牌选手"

如果要为一个重要岗位寻找理想人选,你需要寻找一个"金牌选手",你欣赏他,认为他能出色地完成这项任务。不要勉强自己接受不符合要求的人,

你应该只雇用最合适的、能够成为部门或企业中中流砥柱的人。

你要寻找的员工应该善于与团队合作、能与他人融洽相处，同时能够在没有监督或管理的情况下自觉地完成任务。

❂ 清晰与体贴

当你雇用了一个人之后，就应对他委以重任。明确地告诉他工作内容与衡量标准。与他一起工作，或安排其他人与他一起工作，直至他能独当一面。过去那套"成败靠自己"的管理模式已经一去不复返，人力资源非常宝贵，绝对不能浪费。

假设一位员工有能力完成工作，但他缺乏动力，业绩不佳，主要原因应该是他缺少明确的目标。如果他的工作积极性很高，业绩突出，那么主要原因肯定在于他有清晰的目标。

在动荡的时代，周围的环境瞬息万变，企业应

第八章 选择合适的人

当不断反思岗位要求以及每位员工需要实现的目标。不要以为每个人都清楚企业真正需要的是什么。

员工能否参与到工作的相关讨论中，直接关系到他的工作动力以及对工作的投入程度。如果员工能够参与到对工作的讨论中，将极大地提高他们的工作热情，从而取得更好的业绩。

▶ 实践练习

1. 为每位员工的工作能力打分，1分为最低分，10分为最高分。

2. 组建一个工作积极性高、能力强、奋发向上的团队，帮助你实现目标。

3. 在为新的工作岗位招募员工前，你需要慎重考虑，写出明确的岗位要求。

4. 为一个新的岗位招聘员工时，至少要面试三位应聘者。对你所中意的应聘者，至少要在三个不同的地方进行三次面试，并且至少再请三人对其面试。

5. 仔细听取推荐人的意见，找出可能导致应聘者

不适合该岗位的关键性缺点或不足。

6.只聘用那些态度积极、能够与他人融洽相处的人,他们善于团队协作,是最优秀的队友。

7.结果就是一切,要不断强调并准确地解释每个人需要完成的目标。

第九章
提升市场营销的效果

企业的目标是创造客户,因此企业有且只有两项基本职能:第一是市场营销,第二是创新。市场营销和创新能够产生经济成果,其余的一切都是"成本"。

——彼得·德鲁克

从根本上说,所有的商业战略都是市场营销战略。当你对企业的经营或未来发展感到忧虑时,你需要重新分析企业的市场营销与销售情况,集中精力提高销售量与利润。你必须不断削减开支,控制成本,但仅靠降低成本并不能让企业取得成功。你必须增加现金流,对此唯一有效的方法就是提高产品或服务的销售量。

无论经济环境多么恶劣，竞争多么激烈，仍会有80%的市场尚未得到开发。你身边总隐藏着许多机遇，能否发现这些机遇并加以利用，是对企业或管理者能力的真正考验。

❂ 市场营销的四大要素

市场营销有四个基本要素，即专业化（specialization）、差异化（differentiation）、细分（segmentation）和集中化（concentration）。为了保证企业的生存与发展，你必须在这四个要素上采取有效的措施，任何一方存有欠缺或不足，都会阻碍企业的发展，甚至导致企业破产。

■明确你是谁和你能做什么

专业化要求企业将注意力放在特定的产品或服务、特定的市场或特定的客户需求上。你必须抵制诱惑，不要试图涉猎过多的领域，不要企图用过多的产品或服务吸引客户。你必须具备专业化的理念，

第九章
提升市场营销的效果

同时让客户知道你的专业方向。

你的产品或服务究竟能帮助客户获得什么，避免什么，或者保持什么？哪些核心能力或专有方法、技术能够使你在这个领域实现专业化？你能为客户解决哪些具体的问题，满足客户的哪些需求？在企业能够取得的所有成果中，你应该并且可以在哪个方面实现专业化？

很多企业都会尽力在某一类客户重视的领域中实现专业化。企业经过几年的努力，围绕其核心能力，集中力量，取得成功。于是一些企业认为自己已经取得了非凡的成就，能够同样成功地经营其他产品或服务。于是立刻开始分散精力和资源，从已经实现了专业化的领域退出，继而进入自己不了解的领域。

■**明确如何成为优胜者**

明确如何超越竞争对手，从而实现产品或服务的差异化，我将在第十一章详细阐述这一点，这是企业获得成功并取得丰厚利润的关键。

■ **选择最佳细分市场**

进行市场细分时，你必须准确界定，哪些客户从企业所提供的优于竞争对手的产品或服务中受益最多，因此，你需要进行精准的客户分析，找出当前的最佳潜在客户和未来的潜在客户。

■ **集中资源**

集中化要求你将所有的时间、人力和财力等重要资源投入到市场营销上，将产品或服务卖给那些最佳的潜在客户。针对带来最高利润的潜在客户制定销售策略，企业才有可能获得最高回报。请根据你在专业化、差异化和细分方面所做的决策，找到你的市场营销和销售策略集中点。

❂ 不断重新审视

所有的营销策略最终都会过时失效。如果企业的销售业绩下滑，你可能需要重新审视上述四个要素。这样，企业才能制定更加有效、更适合当前市

场的营销与销售策略。

请记住,对当前的市场而言,答案已经发生了变化。客户需求、竞争环境或其他市场因素已经改变,你也需要对专业化和差异化的领域做出相应的调整,变换理想的客户细分与资源集中的方向。有时候,你可能需要同时进行多项调整。

将自己视为一家企业

在个人生活中,你也应当问自己同样的问题。你的专业化领域是什么?在工作上,你能在哪些方面优于竞争对手,能发挥自身才能的理想岗位或领域是什么?为了得到最好的结果、获得最大的回报,你应该将精力投入到哪方面?你可以在哪方面做到出类拔萃,你应该在哪方面做到出类拔萃?

展望未来

展望企业或行业的未来。为了在未来的岁月中成为所在领域的领军企业,需要具备哪些新的能力,掌握哪些新的知识和技术?如果你能出色地完成任务,哪些任务会对你的职业生涯产生最积极的影响?将自己的专业技能应用于哪些方面,才能获得最大回报?这些问题对个人和企业都十分重要。

实践练习

1. 下定决心,使企业在行业中占据领军地位,让产品和服务在市场营销和创新方面成为行业佼佼者。为了实现这一目标,第一步应该怎么做?

2. 按产品或服务、市场或客户类型来确定企业的专业化领域。你的企业应该在哪方面实现专业化?可以在哪方面实现专业化?

3. 怎样使你的产品或服务有别于竞争对手的产品或服务,你能在哪方面优于其他竞争对手,你的优势

第九章
提升市场营销的效果

领域可能是哪些?应该是哪些?

4. 你的最佳细分市场是哪些?最有可能购买你的产品或服务的潜在客户在哪里?哪些客户从你销售的产品或服务中获益最多?

5. 企业应如何经营,才能将市场营销与销售策略集中在能够最快下单的客户身上?

6. 你应该开发哪些新产品和新服务,掌握哪些新知识与新技能,才能在未来成为市场的领军者?

7. 为了适应当下的市场需求,你应该立刻在哪些方面增加投入或在哪些方面减少投入?开始做什么或放弃做什么?

第十章
分析竞争对手

集中优势对抗对手的缺点。

——布鲁斯·亨德森（Bruce Henderson）[1]

军事上有一句格言"一旦与敌人交火，任何战略都要有所变化"。同样，一旦进入一个市场，任何商业策略都要接受不断地调整，使其适应当下的情况。

你或许早有耳闻，商场如战场。也就是说，为了占领市场，赢得客户，销售产品或服务，企业必

---

[1] 布鲁斯·亨德森（1915—1992），波士顿咨询公司创始人，波士顿矩阵（见本书第122页）的提出者。——编者注

第十章 分析竞争对手

须面对无休止的激烈竞争。你渴望售出产品或服务，赚取利润，获得成功，你的竞争对手也是如此。如果有可能，竞争对手希望吞并你的所有业务。为了达到这一目的，他们会采取一切方法来抢走你的客户。

了解对手

你需要思考一个问题：究竟谁才是你的竞争对手？这个问题的答案几乎能够决定你将在市场上采取哪些策略，就像在战争中，将军所采取的全部军事行动取决于敌人是谁。

竞争对手决定了你要提供什么样的产品或服务，在哪里提供，也决定了产品或服务的定价与收费方式，和企业的盈利水平与持续盈利的策略，以及企业的发展速度与生存状态。因此，你所采取的一切措施必须着眼于现有的或潜在的竞争对手，以及竞争对手可能对你的措施所采取的应对方式。

◉ 明确客户的购买动机

明确了人们为何购买你的产品或服务后,接下来必须回答的问题是:客户为什么从竞争对手那里购买产品或服务?潜在客户为何认为,竞争对手的产品或服务能为他们提供你所不能提供的价值或利益?

要明确竞争对手的主要优势是什么,其专业化、差异化、细分与集中化的领域有哪些,竞争对手拥有哪些你所没有的优势,竞争对手提供了哪些你无法提供的东西,竞争对手在哪些方面做得比你多或比你好,竞争对手有哪些独特的销售主张。

◉ 市场营销近视症

许多人会忽视主要的竞争对手,或是对主要的竞争对手置之不理。提到竞争对手时,他们总会批评或贬低对手,认为客户之所以喜欢竞争对手的产

第十章
分析竞争对手

品,只是因为客户无知或者被误导。这种短视的态度会给企业带来危害,致使企业难以在艰难的市场环境中找到战胜竞争对手的办法。

企业可以采取的最有效的商业战略之一,就是经常赞美那些成功的竞争对手。千万不要忽视竞争对手,要研究竞争对手,并向他们学习,汲取他们的成功经验,设法比他们做得更好。

❖ 抵消竞争对手的优势

研究竞争对手时,你需要找到客户认为竞争对手所具备的优势,想方设法抵消这种优势。分析:竞争对手的弱点是什么?如何利用这些弱点?你在哪些方面优于竞争对手?与竞争对手的产品或服务相比,你的产品或服务的优势在哪里?你能采取哪些办法来抵消竞争对手的优势,并最大限度地发挥自身优势?在恶劣的市场环境中,如何通过正确的市场定位来战胜竞争对手?

如果你能进行大量的实践研究，了解竞争对手成功销售产品或服务的原因与方法，就有可能抓住机遇，夺取竞争对手的市场份额。正如《孙子兵法》所说："知己知彼，百战不殆。"

保持思维清晰

你必须清楚地认识到竞争对手的优势与弱点，以及潜在客户购买其产品或服务的原因，这样你才有可能找到应对的办法，在竞争中占据优势。严谨的竞争分析是企业成功的一大关键。否则，企业将始终处于劣势。

实践练习

1. 与你争夺同一批客户的竞争对手有哪些？

2. 如果对你的产品或服务加以调整，使其针对购买意愿更强的客户，结果会如何？

3. 为什么你的潜在客户会购买竞争对手的产品或

第十章 分析竞争对手

服务,竞争对手身上有哪些优势?

4. 竞争对手独特的销售主张是什么,竞争对手的产品或服务具备哪些你所没有的特点或优势?

5. 与竞争对手相比,你的企业具备哪些优势,在销售及营销中如何突出这些优势?

6. 你的竞争对手有哪些弱点,如何有效利用竞争对手的弱点?

7. 为了使企业在某个细分市场或某类消费者中取得统治地位,你需要如何调整市场营销策略?

第十一章
更好、更快、更经济

如果一个人能够找到更好、更快或更经济的做事方法,他就能把握自己的前途与命运。

——保罗·盖蒂(J.Paul Getty)

决定能否成功最重要的一项因素是竞争优势。企业的成败、盈利水平、在市场中的地位,以及你所取得的其他一切成就都取决于竞争优势。

因此,你与全体员工以及潜在客户都要清楚企业的竞争优势。如果对自己的竞争优势缺乏清晰的认识,就会导致销售量降低、市场占有率减少、盈利减少,企业不得不对产品或服务进行降价处理,最终走向破产。

第十一章
更好、更快、更经济

突出竞争优势

你之所以能创办企业，是因为你的产品或服务不同于或优于其他企业的产品或服务，你的企业可以通过更好、更快、更经济的方式满足市场需求或解决客户的问题。

使自己的产品在客户心目中留下与众不同的印象，这是吸引客户并留住客户的关键。要吸引客户购买，必须让他们相信你的产品优于市场上现有的同价位产品。杰克·韦尔奇有句名言："如果你没有竞争优势，就不要参与竞争！"

价格优势

低价本身无法为你带来任何竞争优势。如果某种产品的销售完全依赖低价，那么这样的产品只能被称为"商品"。在客户看来，这种商品与其他公司的产品或服务完全一样，唯一的区别在于价格。如

果产品在市场上变成了普通商品,就很难卖出好价钱,几乎赚不到任何利润。

幸运的是,你出售的产品有其特别之处,它不是普通商品。哪怕只是生产者和销售者存在差异,也能使你的产品在许多方面与众不同。

但是,如果企业的核心人员或销售人员不清楚自己的产品或服务具备哪些独特之处和优势,也不明白其中的原因,只能靠降价促销,如此一来,企业将毫无未来。

☢ 焦点问题

市场营销的关键作用是使自己的产品或服务有别于竞争对手的产品或服务。如果不能突出产品的独特价值,任何营销、广告或销售手段都是对时间和金钱的浪费。

产品差异化的核心是具有鲜明的竞争优势,这也是对市场营销进行战略思考时需要关注的焦点问题。

第十一章 更好、更快、更经济

差异化的三个方面

为了在竞争激烈的市场中取得成功,你与竞争对手应该有至少三个方面的差异。你的产品或服务必须做到更好、更快、更经济、更方便实用,才能比竞争对手更加吸引客户。产品或服务的销售应该更加专业,或者以更加体贴、迅速或高效的方式服务于客户。

战略思考的关键步骤是判定企业有哪三个方面的优势,然后在市场营销和销售的各个环节强调这些优势。

三大潜在优势

在《市场领导学》(*The Discipline of Market Leaders*)一书中,作者迈克尔·特里西(Michael Treacy)和弗雷德·维尔斯马(Fred Wiersma)指出,与其他竞争对手相比,每个行业的领军企业

至少具备三个方面的优势。他们认为，要想成为行业的领军者，企业至少要在其中一个方面做到卓越，在另外两个方面做到相对优秀。

■卓越的经营

迈克尔·特里西和弗雷德·维尔斯马给出的第一条准则是卓越的经营。具备这种竞争优势的企业能够以更加高效、出色的方式进行经营，从而以低于竞争对手的成本来生产和销售产品和服务。这样一来，企业的成本降低了，客户能以更低的价格购买产品，或者企业能够赚取更高的利润，或者两者兼得。

例如，麦当劳和沃尔玛就是卓越经营的典范。它们通过大规模生产或出色的分销系统实现了规模经济，从而在市场上占据了优势地位。

请思考你的企业或部门应如何实现卓越经营，从而以成本优势领先于竞争者。如何大幅降低经营成本，以此来提高销售量或盈利水平。

第十一章
更好、更快、更经济

■**行业领先**

企业可以取得竞争优势的第二个方面是通过创新技术提高产品和服务的质量。奔驰、劳力士、索尼、雷克萨斯等公司都属于这一类。

客户愿意为代表高品质与前沿技术的品牌买单。想象一下，为了让企业成为行业的品质领军者，你该如何让产品或服务脱颖而出？

■**亲近客户**

第三方面的竞争优势是亲近客户。你需要花时间与客户建立以客户亲密度为基础的高质量关系。如果客户认为你比其他人更加了解他，那么他对你的忠诚度就会更高、更长久。咨询公司、律师事务所、会计师事务所等提供专业服务的组织都需要这种竞争优势。

请思考如何与客户建立更高质量的信任关系。如何向客户证明，你真的关心他和他的利益。亲近客户能够为你带来突破性的机遇，特别是在销售昂贵的产品与服务时，这类产品与服务可能需要转售与客户推荐。

🔷 选择目标

要想成为行业的领军者,企业至少要在一个方面做到卓越,在另外两个方面做到相对优秀。最重要的是明确企业要争取哪一方面的竞争优势,然后竭尽所能获得这一优势。

竞争优势有两个特点。首先,竞争优势是你有而竞争对手没有或略逊一筹的东西。这样,你就具备了某一方面的优势。例如,达美乐比萨拥有其他对手无法匹敌的配送速度,从而取得了竞争优势。凭借这个优势,达美乐比萨陆续开设了17800家连锁店(截至2021年4月),其创始人托马斯·莫纳(Thomas Monaghan)成为亿万富豪。

其次,竞争优势必须得到客户的认可与喜爱,客户愿意为它花钱。在任何情况下,只有客户才能决定你的竞争优势对其而言是否重要。如果客户认

第十一章
更好、更快、更经济

为你在某个方面优于竞争对手,就会大量购买你的产品或服务,从而为企业带来利润与发展。

明确条件

"更好"是指你的产品或服务比竞争对手的产品或服务更加充分地满足客户需求。在客户心目中,你的产品和服务是否优于市场上现有的其他产品和服务?

"更快"是指你的产品或服务能满足客户对速度的需要,以更快的速度向客户提供你所承诺的结果或利益。在销售、服务或配送方面都要快于竞争对手。达美乐比萨的成功就是得益于配送速度快。

"更经济"是指你能以较低的成本提供相同的价值。在相同的成本下,你可以提供更好的条件或更高的价值。或许你与竞争对手的定价相同,但你能提供更好的服务;或许你能提供额外的利益,从而使产品或服务看起来比竞争对手的产品或服务更加实惠。这样一来，客户会认为在你那里购买比在其他企业那里购买更加划算。

"更便利"是指客户能够通过更便利的渠道购买产品，或以更便捷的方式使用产品。客户无须费力就能获得产品和服务所带来的好处，客户体验更加顺畅、愉悦，客户认为购买你的产品毫无麻烦，他们愿意为此付费。

☢ 更胜一筹

在某方面有卓越表现是企业在激烈的市场竞争中取胜的关键，也是企业的产品或服务能脱颖而出的根本。在某个方面有卓越表现是指你能提供其他人无法提供的价值或利益。分析你的产品或服务，它们能够在哪个方面做到卓越？

在某个方面更胜一筹是指你的产品或服务在这个方面优于竞争对手。它必须足够明显，能够吸引客户，甚至让客户愿意为此花更多的钱。

第十一章
更好、更快、更经济

在有些方面,你可以追求卓越,在有些方面你可以追求更胜一筹(例如速度或成本)。

最后,独特的销售主张是指只有你才能为客户提供产品或服务,并且只有它符合客户的真正需求。你在这一方面的表现无人能及,能够带来他人难以企及的成果或利益。

成功的关键

为了在激烈的市场竞争中生存下来,企业需要确保其产品或服务既有卓越之处,又有更胜一筹的地方,同时还要具备独特的销售主张。培养并维持这些竞争优势是管理者的重要职责。

你应当随时准备好回答客户的提问:为什么要购买你的产品或服务?请给我一个理由。

无论答案是什么,你都应该以此为中心进行市场营销与销售。这个问题的答案是企业成功的关键。

✪ 认识自己

从个人层面上来说,你必须经常扪心自问:我在哪个方面表现卓越?与竞争对手相比,我有哪些优势,我独特的销售主张是什么?如何才能比其他人更好、更快地完成工作,哪些任务只有交给我才能出色地完成?

或许最重要的优势是你能独立自主地以出色的方式保质保量地完成任务,这也是个人在激烈的市场竞争中取胜的关键。

▶ 实践练习

1. 与竞争对手相比,你最重要的产品或服务具备哪些优势?

2. 你的企业在哪个方面的表现被公认为卓越,如果进行调查,人们将如何评价企业的特别之处?

3. 与竞争对手相比,如何让客户以更快的速度获得、使用并享受你的产品或服务?

第十一章
更好、更快、更经济

4.你的独特的销售主张是什么,产品或服务的哪些方面是竞争对手无法企及的?

5.如何让客户以更低的价格购买和使用你的产品或服务,在相同的成本下,如何让客户享受更多实惠?

6.假设你的声誉来自产品或服务在某个方面的突出表现,哪个方面对企业销售和盈利所产生的积极影响最大?

7.列出你的产品或服务优于竞争对手的三个方面。为了获得市场优势,应该制订怎样的计划?首先应该做的是什么?

第十二章
调整市场营销组合

从最终结果,即从客户的角度来看,市场营销是整个企业的活动。对市场营销的关注与责任必须渗透到企业的各个方面。

——彼得·德鲁克

企业的销售量、产品定价、盈利水平、发展速度乃至企业的整个未来都取决于四个关键要素。面对瞬息万变的市场所带来的竞争压力,企业必须经常审视这四个要素。它们处于不断变化的状态中,很少会在一段时期内保持不变。请记住,答案总是不断变化的。

这四个要素统称为市场营销组合(marketing

第十二章
调整市场营销组合

mix），它们决定了市场营销的成败。随着市场与竞争对手的变化，你需要不断调整组合中的一个或多个要素。这四个要素的英文单词的首字母都是P，分别是产品（Product）、价格（Price）、推广（Promotion）和渠道（Place）。

❂ 你的产品是什么？

市场营销组合的第一个要素是产品或服务。对产品或服务的定义，不在于它"是"什么，而在于它能为客户"做"什么。因此，你需要思考的问题是：企业目前提供的产品或服务能否真正满足当前市场和客户的需要？

请记住，如果一个产品或服务能够满足当前市场和客户的需要，它可能已经过时了。如果你的产品或服务大受欢迎，并且能带来较高的利润，那么竞争对手可能已经开发出了替代品。市场具有动态性，竞争对手会想方设法以更好、更快、更经济的

方式向客户提供同类产品。竞争对手日思夜想的都是如何夺走你的客户，抢占你的市场，将你逐出商界。

☢ 及时更新产品

鉴于竞争的压力，大约 80% 的产品与服务需要在 5 年内进行更新或调整。很多企业现在欣欣向荣地发展，但 5 到 10 年后就成了人们的回忆，原因就在于其产品过时，被快速发展的市场所淘汰。如果企业不能快速更新其产品，就会被那些行动更快的企业甩在身后。

许多企业面临的一个严重问题是，他们深爱自己的产品与过去，舍不得抛弃生产和销售的老办法，忽视了产品所面临的挑战。他们以为客户十分忠诚，面对竞争对手提供的优秀产品也能毫不动摇。结果，当竞争对手提供了更受客户欢迎的产品时，这些企业无法及时应对。请记住，不要让自己陷入这样的境地。

第十二章 调整市场营销组合

☢ 市场检验

通过一个简单的方法就可以判断你的产品或服务是否符合当下市场的需求,那就是产品或服务是否畅销。市场对你的产品或服务的需求在稳步增长,客户需要它,订单源源不断,销售人员能够轻松售出产品,客户的满意度很高。

如果未出现上述迹象,说明你需要重新审视你的产品和服务。你有可能会错失市场,因此必须尽快研发新的产品和服务,才能保证企业的生存与发展。

☢ 产品的价格是多少?

市场营销组合的第二个要素是产品价格。目前在售的产品或服务的定价是否合理,是否需要调整?是提高定价还是降低定价,或与其他条件结合,或在价格上增添条件?在价格不变的情况下,是否需要调整你的条件或提供不一样的东西?

你要知道,以往对产品或服务所采用的定价方法可能已经过时了。现在,为了销售产品或服务,你可能要采取更优惠的首付款和更长的付款期限,也可能要接受不同比例的以旧换新价格。但是,你必须不惜一切代价。

如果某种产品廉价出售或降价促销,说明企业承认自己对客户愿意支付的价格做出了错误的判断。现在他们通过降价来重新判断产品价格,希望能以这个价格卖出全部产品或服务。如果按照新的价格仍然不能出清库存,企业需要再次降价,重新估测。

价格翻倍

我的一个客户办了一种杂志,每年的订阅费为24美元,结果每一期都亏损。最后他想在杂志上增加广告数量,以此来扭亏为盈。商业顾问研究了这类专业出版物的市场,建议将杂志的定价翻倍。这是他们此前从未考虑过的方法。

第十二章
调整市场营销组合

经过深刻的反省,他们将年订阅价格提高了一倍。因为这本杂志深受订阅者的喜爱,因此只有不足10%的读者取消了订阅。一夜之间,该杂志扭亏为盈,改变了整个企业的未来。请思考在你的企业中,是否也存在这种提高价格后仍能维持市场占有率的机会。

如何销售产品?

市场营销组合的第三个要素是推广。推广一词包含了企业在市场营销、广告以及销售产品和服务的过程中所做的一切。也许你的产品物美价廉,但如果销售方法不对或者不合适,企业可能会迅速走向破产。

企业成功的关键不仅在于优质的产品或服务,也在于以一切合理的方式积极主动且持续不断地向市场提供并推广产品或服务。这往往是影响企业成败的关键。

目前,你如何推广和销售产品或服务?哪些方法可行,哪些方法不可行?是否需要调整你的广告、

营销、销售或吸引客户的方法?

❂ 提高销售量

你是否需要完善并升级企业的销售方法、人员配置、产品展示与综合能力?通常情况下,迅速改进销售方法是企业扭转局势的关键。

你应该听说过:"没有销售就没有一切。"抛开所有的商业理论不谈,企业成功的关键在于"提高销售量"。成功实施涡轮策略的秘诀之一,就是重新组织企业及其经营活动,集中精力提高销售量,创造收入。企业的命脉是现金流,而现金流又来自销售量。

❂ 培训销售人员

令人遗憾的是,美国大约 70% 的销售人员除了接受过产品培训外,没有接受过任何销售培训。如果对他们进行充分的培训,使其掌握销售过程的重

第十二章
调整市场营销组合

要环节,约 95% 的销售人员的业绩将会大幅提高。正因为如此,那些盈利水平最高的企业在销售培训方面的投入最多,盈利水平最低的企业在培训方面的投入则寥寥无几。面对一个专业的销售人员,未经充分培训的销售人员几乎毫无胜算。

☢ 你的电话响了吗?

除了销售培训不足之外,很多企业也很少做广告,或者广告的效果不佳,无法吸引大量客户。有时,在成本不变的情况下,对广告词稍加调整,或者更换广告媒体,就能将广告的反响提高数百倍。

若干年前,我的一位伙伴花了大价钱在无线电台做了一次广告。这则广告的设计十分糟糕,主题模糊,措辞不当,描述也毫无说服力。一天,他们接到一位广告专家的来电,对方询问广告的效果如何。他们以企业家惯有的虚张声势向对方保证,广告很成功。广告专家又问我的那位伙伴:"我只想问

一个问题，你们的电话响了吗？"

事实上，根本没有电话打来，这则广告没有引起任何反响。结果，他们蒙受的巨大损失甚至超过了其承受能力。

根据这个广告专家的建议，他们用了一个星期的时间重新撰写并录制了广告词。从那以后，电话铃响个不停。企业起死回生了。

此后，当我思考一个广告是否有效时，我总会问："你的电话响了吗？"不管别人怎么说，这依然是衡量广告对企业是否有效的最佳方法。

或许你拥有全世界最好的产品，但是，如果没有积极主动的促销和推广，这些产品只能留在架子上积灰。反之，如果采用有效的销售方法，即使产品很普通，企业也能蓬勃发展。

通过哪种渠道销售产品？

市场营销组合的第四个要素为渠道（Place），

第十二章
调整市场营销组合

即出售的具体地点。你在哪里进行销售？你的销售地点是家里、办公室，还是自己的零售店？你在某个城市、某个州还是在全国范围内进行销售？是通过商店销售，还是采用直销或直邮方式进行销售？最重要的是，你是否应当调整产品的销售渠道？

过去，IBM和苹果公司全都依靠自己的销售人员来销售产品。后来他们做出了改变，开始通过电脑零售店进行产品销售。不管采用哪种形式，选择合适的渠道都是市场营销战略的核心。

也许你需要调整或完善产品或服务的销售渠道，有时甚至需要换一个地方去销售你的产品或服务。销售渠道的调整会使企业的经营方向随之变化。

检查你的假设

当产品或服务的销售量不高时，你应当逐一检查产品、定价、促销和渠道方面的假设。你要考虑到一种可能性，即企业在上述一个或多个方面的做

法是完全错误的。

通常，改变市场营销组合中的一个要素，就可能导致企业性质的彻底转变，促进企业发展，提升盈利水平，使企业在市场上占据领先地位。因此，你必须保持开放的心态。

✪ 答案始终在变

如果要以最大成本实现最高销量并赚取最多利润，企业应该制定什么样的市场营销组合？这个问题的答案会随着时间的推移迅速变化，可能每年一变，甚至每月一变。为了在市场上生存下去并繁荣发展，你必须根据竞争对手的每个举动来调整自己的策略。

无论市场变化的程度有多大，只要出现了变化，一切皆有可能发生。

第十二章
调整市场营销组合

> **实践练习**

1. 时刻准备好调整市场营销组合的各个要素，尤其当目前的方法难以取得以往的效果时。

2. 从产品或服务能为客户"做"什么而非"是"什么的角度来看，你所销售的究竟是什么？

3. 你的产品或服务的定价是多少？怎样调整定价以提升其吸引力？

4. 如何推广你的产品或服务，是否有更好的广告方式来提高销售业绩？

5. 如何销售你的产品或服务，每位与客户打交道的销售人员是否接受过有关核心销售环节的培训？

6. 你以什么渠道销售产品或服务，是否需要改变销售渠道或采用新的销售方法？

7. 是否需要同时调整市场营销组合中的两个或多个要素？富有挑战性的市场环境往往要求企业采用全新的做法，尤其是当现行方法不再起作用的时候。

第十三章
正确的定位助力企业成功

人不是环境的产物。人造就环境。

——本杰明·迪斯雷利（Benjamin Disraeli）

在《定位》（*Positioning*）一书中，作者艾·里斯（Al Ries）与杰克·特劳特（Jack Trout）指出，企业在客户及潜在客户心目中的定位决定了企业在激烈的市场竞争中的成败，定位产生的影响远大于其他因素。

哈佛商学院院长西奥多·莱维特（Theodore Levitt）在《营销想象力》（*The Marketing Imagination*）一书中写道，企业最重要的资产是"客户如何看待你，以及你在市场中的声誉"。企业的声誉是一种客

第十三章
正确的定位助力企业成功

户愿意为之付费的价值。

你可能听说过,资产为100万美元的企业却卖出了1000万美元的价钱。这个事例就体现了声誉的价值,增加的900万美元就是所谓的商业声誉,这说明企业的声誉十分宝贵,因此买家愿意为此出高价。

他人的评价

在今天,大多数情况下,一个人之所以决定购买你的产品与服务,是因为他听取了别人对该产品与服务的评价。企业做广告的目的就是让人们先产生试用产品或服务的意愿,同时希望他们试用后感到满意,愿意购买并向其他人推荐。

罗伯特·西奥迪尼(Robert Cialdini)在其著作《影响力:他人认同的方式与原因》(*Influence: How and Why People Agree to Things*)一书中指出,"社会认同"(social proof)是主要影响因素,它决定了人们是否会购买一款产品或服务。在

社会认同中，最重要的一部分就是推荐产品或服务的人与倾听其推荐的人具有感知相似性（perceived similarity）。例如，如果你是一名管理者，听到其他管理者对某种产品或服务的评价很高，你可能会受此影响，想去试用该产品或服务。但是，如果听到"医生"或"律师"对产品或服务的肯定，你未必愿意尝试该产品或服务。

成功的企业会认真思考，如何让客户对其产品或服务的看法与评价符合企业的期待。企业所有的市场营销与销售活动都是为了让潜在客户产生购买和再次购买的意愿。

☢ 你能让人联想到什么词语？

哈佛大学教授利昂·费斯汀格（Leon Festinger）提出了一个概念，名为"归因理论"（attribution theory），以此来解释人们如何做决定。他发现，当人们想到某种产品或服务时，通常会联想到一个短

第十三章
正确的定位助力企业成功

语或一个单词。无论这个词语是什么,都会对人们的购买决定产生巨大影响。

例如,IBM意味着卓越,麦当劳意味着便利,诺德斯特姆公司(Nordstrom's)意味着服务,联邦快递能够隔日送达,因此它意味着可靠。无论有意还是无意,每种产品或服务都会形成一种声誉,使它能够对抗竞争对手。请思考当客户听到别人谈起你的企业或产品时,他们会立即联想到哪个词语?

❂ 谨慎挑选你的词语

艾·里斯与杰克·特劳特建议,谨慎挑选能让市场记住的词语,然后采取一切可能的措施把握住这些词语,避免它们被其他人占用。

例如,我十几岁的儿子对电影有一个简单的标准,用一个词语概括就是"动作"。如果是动作片,他就会看,否则就不感兴趣。我的大女儿选择电影的标准是"浪漫",有时候也可以称之为"女性电影"。

而我十岁的小女儿只看"儿童"电影。因此，如果一部电影要吸引他们的注意，就需要选择这些词语来定位电影内容。

奔驰为自己选择的词语是"质量工程"，宝马选择的词语是"终极座驾"，达美乐比萨是"快速送货"。事实上，这些企业都成功地在客户心中树立并维持了这样的形象。

制作自己的备忘单

思考一个问题：你挑选的词语是什么，你应该在潜在客户的心中留下什么印象？如果重新规划市场营销并重新确定营销方向，你可能会挑选哪些词语作为企业的定位？

做一个练习：假设你的一位潜在客户要与一位客户见面。这位客户打来电话，询问你希望他与潜在客户说些什么，以说服潜在客户购买你的产品或服务。

第十三章
正确的定位助力企业成功

如果要制作一张备忘单，列出你希望客户对潜在客户说的词语，你会选择哪些词语？是否会选择品质卓越、诚实守信、服务热情、员工友善、及时处理问题、善于合作、价格实惠等词语？在客户用来描述企业与产品或服务的所有词语中，哪一个词语对企业最有价值？

明确了企业的定位后，你必须认真对待每一次客户互动、每一件产品与每一次服务，以及销售、交货和分销中的每一个环节，将那些定位的词语烙印在客户心中。这是你在竞争激烈的市场上取得成功的关键。

☢ 你的品牌是什么？

品牌代表一种价值，它基于企业与客户之间的相互信任。当客户选择某个品牌时，他相信该企业能够兑现承诺。品牌概括了客户对你的看法，它不可能在一夜之间建立起来。就像网络公司试图通过在"超级碗"(Super Bowl)比赛上打广告,投入大量资金,在一场有5000万观众的比赛上做宣传,企图快速建立起那些著名企业所拥有的长期声誉。但是,品牌(信任)的建立基于客户对企业及其产品的一系列个人体验。企业需要花费多年的时间才能在客户心中建立起品牌。

这种价值和信任来自客户对企业及其产品或服务的长期体验。就像个人的声誉一样,需要多年时间才能建立起来。但是,一次消极的体验就会损害甚至摧毁一个品牌。

打造品牌

品牌体验由两部分构成。一是客户第一次购买你的产品时,你向他做出的承诺。这些承诺也是你在广告与销售活动中提出的宣言与价值。

第二次是当你在交付产品或服务时,你所遵守的承诺。这部分更加重要。《质量免费》(*Quality Is*

Free）的作者菲利普·克努士比（Philip Crosby）说过，出售产品时，你描述了产品的效果，质量就是指产品符合描述的程度。这是品牌的根本。

☢ 人是习惯性的动物

通常情况下，人们靠情感做决定，然后用逻辑来证明决定。从这个意义上来说，客户是懒惰的。一旦他们对某个产品或服务非常满意，就会无限期地持续购买这个产品或服务。在他们看来，改变很麻烦。

成功的企业都建立了值得客户信赖的品牌。无论是一家本地餐厅，还是一家跨国企业，只要曾给客户带去愉快的购买体验，客户就愿意继续购买。

☢ 事事都重要

面对竞争对手，你的定位、声誉与品牌决定了产品的销售量与实现该销售量的难易程度，也决定

了产品定价的高低与企业的发展速度。享有美誉的企业可以将价格定得更高，因为人们愿意为一个优秀的品牌付费，比如法国香水、日本或德国相机、瑞士手表等。

请记住，事事都重要。在与客户互动时，你所做的一切都有可能为企业带来帮助或损害，提升或贬损企业的声誉，提高或降低企业及其产品或服务的定位与客户感知。不存在中性的结果。

个人品牌

上述法则也适用于个人的工作与生活。在工作中，你在关键人物心目中的定位，会在很大程度上决定你能取得的成就、收入和晋升速度等方面。

当你不在场的时候，别人如何评价你，你的"个人品牌"是什么，你的声誉怎么样？作为个体与企业中的一员，其他人是如何看待你的？

工作中，你能拥有的最佳品牌或声誉，就是人

第十三章
正确的定位助力企业成功

们认为你绝对可靠,每次都能出色地完成任务。因此,个人的业绩是关键。你要做到言出必行,并像"劲量兔子"(Energizer Bunny)[1]那样持之以恒。

拉里·博西迪(Larry Bossidy)在《执行:如何完成任务的学问》(*Execution: The Discipline of Getting Things Done*)一书中提到,管理者最宝贵的特质在于严格执行计划,积极采取行动并取得成果。这一点对个人品牌的树立同样重要。

> **实践练习**
>
> 1. 你的企业市场声誉如何?
> 2. 向他人介绍你的产品或服务时,人们通常会用哪些词语?
> 3. 如果可以用某些词语来描述你的企业及其产品或服务,你会选择哪些词语?

---

[1] "劲量兔子"是美国劲量电池推出的广告形象,是长久、坚持和决心的象征。——译者注

4. 如果人们能自动将一些词语与企业联系起来，哪些词语能够对你的销售量与赢利产生最大的正面影响？

5. 为了确保每一次客户联系都能强化你想向客户传达的信息，你需要在哪些方面做出改变？

6. 为了吸引新客户，你会向潜在客户做出哪些重要承诺，成交之后，你是否会兑现这些承诺？

7. 客户对你的企业做出的最积极的评价是什么？如何建立体系，确保更多客户做出同样的评价？

第十四章
建立战略业务单元

没有绝对的安全,只有相对的机遇。

——道格拉斯·麦克阿瑟(Douglas MacArthur)

"战略业务单元"(Strategic Business Unit,简称SBU)的概念彻底改变了很多经营多种产品或服务的企业,它是一种对企业成功至关重要的思维方法。这一概念最早由波士顿咨询公司提出,后来,很多登上"《财富》美国企业1000强"(*Fortune 1000*)的企业开始采用这一概念,提高了经营效率与盈利水平。

根据战略业务单元的概念,每种产品或服务都是一个独立的业务单元。这些业务单元可以与相似

的产品或服务归为一类,归类方法主要有三种:根据特点或特性归类;根据市场归类;根据产品或服务所面向的客户归类。

❂ 业务中的企业

每个战略业务单元都可视为一个独立的企业,有其独特的管理结构、战略计划、经营目标、销售额目标、盈利能力与成员职责等。

在实施战略业务单元方法时,首先要安排专人负责每个单元的经营与成果。此人必须具备一定的能力,能够像一家企业的总裁那样全权负责盈利目标的实现。

❂ 基本的商业计划

为了使战略业务单元发挥作用,要先为每个单元制订完整的商业计划。一个单元内的每种产品或

第十四章
建立战略业务单元

服务也必须有完整的商业计划,包括预估的销售收入、成本与盈利水平。接下来,需要明确实现这些目标所需要的人力与资源。

☢ 明确负责人

为了确保产品、服务、业务单元或新的经营项目能够取得成功,应该先明确负责人,并根据结果给予相应的奖励。

一种产品或服务的成功,主要原因在于有一个能力出色的负责人,他会全面负责该产品或服务,并将身心完全投入其中。任何产品或服务的失败,主要原因在于成败的责任被分摊给几个人,结果所有人都不负责,没有人会对结果承担责任。

☢ 重新评估整个企业

首次引入战略业务单元的概念时,你应该借此

机会对整个企业进行重新评估，确定每种产品或服务属于以下四类中的哪一类。（这就是著名的"波士顿矩阵"——译者注）

这四种类型可以用一个二维坐标系（见图14-1）来定义。一个坐标轴代表产品的发展潜力，发展潜力较高的产品是未来之星，发展潜力较低的产品则是明日黄花。

另一个坐标轴代表产品是盈利还是亏损。根据这种方法，产品与服务可以分为四类。波士顿咨询公司将它们分别命名为现金牛（cash cows）、明星（stars）、问题（question marks）和"瘦狗"（dogs）。

```
              低潜力
                │
      "瘦狗"    │    现金牛
                │
 亏损 ──────────┼────────── 盈利
                │
       问题     │     明星
                │
              高潜力
```

图14-1　四种类型

第十四章
建立战略业务单元

■ 现金牛

"现金牛"是指已经成熟的产品或服务，它们非常畅销，能为企业创收。这类产品或服务的销售量与盈利水平稳定，既不增加，也不减少，是企业的中流砥柱，也是企业取得成功的关键。"现金牛"可能曾经是企业的主打产品或服务，但现在只是一个可靠的收入来源。

对"现金牛"产品或服务的策略是投入足够的资源与人力，尽可能延续其为企业贡献销售量与收入的能力。很多企业常犯一个错误，即认为"现金牛"理所应当，结果丧失了本可轻易保持的销量与收入。

■ 明星

第二类产品与服务是"明星"，它也能为企业创收。但与"现金牛"不同的是，"明星"产品或服务具有巨大的发展潜力与盈利空间。如果定位准确并采取合理的推销策略，"明星"产品或服务将成为企业未来收入和现金流的主要来源。

审视企业所有的产品与服务，尤其是新推出的产品与服务，然后思考：哪些产品或服务将成为畅销款，为了促使其成为销售量与收入的主要来源，应该怎样做。

■问题

第三类产品是"问题"。它们会消耗资金，虽然还不能盈利，但是如果开发得当，采取正确的营销与推广策略，"问题"产品或服务也有巨大的潜力。

"问题"产品尚未取得成功。它们可能会失败，导致研发与市场试验方面的全部投入付诸东流。建立战略业务单元时，最重要的一个目标就是找出"问题"产品或服务，决定继续投入还是彻底放弃。

需要注意的是，绝大多数的新产品、服务或投资项目都有可能失败，或者不能实现计划中的目标。许多新想法即便取得了成功，但其方式已完全不同于决定投资时所预想的情况。

如果市场快速发展，企业的业务量与正现金流将增加，你可以继续经营"问题"产品或服务。但是，如果市场紧缩，你必须谨慎对待那些没有成效的经

第十四章
建立战略业务单元

营活动，不要感情用事，必须做好准备，及时止损，确保企业的生存。不要自我欺骗，在竞争激烈的市场上，"希望"并不是一个好策略。

■ **"瘦狗"**

第四种战略业务单元是"瘦狗"。"瘦狗"产品或服务会给企业带来亏损，在当前与未来的市场上都没有前途。初上市时，这类产品或服务似乎表现不错。但是，即便投入大量人力与资源，这类产品或服务也毫无前途可言。

企业应尽快淘汰"瘦狗"产品或服务，将投入在这类产品或服务中的人力与资源转移到未来有可能赢利的产品或服务上。

当一位危机管理专家接管了一家陷入困境的企业后，他会立刻淘汰"瘦狗"产品或服务。这样可以为企业节省大量的资金与人力资源，使企业在几周或几个月后清偿债务。这应该成为你日常管理工作的一部分。

立刻行动

战略业务单元的概念非常简单。第一，精心维护"现金牛"产品或服务，不要抱着想当然的态度。尽一切努力维持此类产品或服务，必要时可以增加投入进行升级，保持它们对关键客户的吸引力。

第二，尽一切可能促进"明星"产品或服务的发展。投入最优秀的人才与最大的精力，充分发挥这类产品或服务的市场潜力。在竞争对手进入市场之前，投入一切必要的资源，尽可能提升"明星"产品或服务的销售量。

第三，尽快解决"问号"产品或服务。企业有必要研发面向未来的产品，但是，你终归要决定是继续研发还是放弃。因此，你要为新产品和现有产品制定明确的决策标准并坚决执行。

第四，一旦确定某种产品或服务没有前途，应当立即予以淘汰，将节省出的人力与资源投向有可能创造更高价值的产品或服务上。要不断问自己："如

第十四章
建立战略业务单元

果重新开始,根据目前所知的情况,我是否会对该产品进行投资?"

实施过程

运用战略业务单元的方法时,企业需要先将具有相似性的产品与服务归类。然后评价每种产品或服务的优点,确定它属于"现金牛""明星""问题"还是"瘦狗"。

保证每种产品以及产品的每个分类都是独立的、盈利的业务单元。战略业务单元可以让你清楚地了解企业各个部分的经营情况,从而做出更加明智的经营决定。你可以将盈利能力作为主要的衡量指标。

企业陷入困境的一个主要原因是将太多产品打包放在同一个篮子里,因此很难判断是哪个产品造成了亏损。战略业务单元的概念可以避免这一问题。

☢ 评估自身才能

战略业务单元的概念也可用于个人生活与工作。每个人都有多方面的能力、核心竞争力、阅历、知识与教育背景等。哪些属于你的"现金牛",即对你来说最有价值的技能?

哪些属于"明星",即能够显著提升你的未来价值的新技能或新的活动领域?

你有望在哪些领域取得巨大成功,如果利用得当,哪些项目、职责和机会能帮助你在事业上取得更快的发展?

最后,哪些属于工作中的"瘦狗"?它们可能是你过去已经掌握但对未来发展无益的任务或技能,也可能是你投入了大量时间但价值远小于做其他事情的工作和活动。

▶ 实践练习

1. 从今天开始,将每种产品或服务视为一个独立

的业务单元,每个月都应产生一定数量的利润。

2. 根据产品或服务在特征、客户或市场等方面的相似性,对它们进行分类。

3. 你的哪些产品或服务属于"现金牛"?它们对提高整体盈利水平起到最关键的作用。

4. 为了确保企业的"现金牛"能持续创造收入和现金,你现在应该采取哪些措施?

5. 你的哪些产品或服务属于"明星"?它们的市场份额不断上升并为企业创造高额利润。

6. 如何提高"明星"产品或服务的销售量和盈利水平?

7. 你的哪些产品或服务属于"问题"?你应该放弃哪些?

8. 你的哪些产品或服务属于"瘦狗",你应该彻底放弃哪些?

第十五章
提高销售业绩

向公众展示一个专业的、积极向上的形象，可以奇迹般地改变公众对企业的看法。

——史蒂夫·埃斯特里奇（Steve Estridge）

有时，我会问那些来自管理层的听众："假设你要出售的产品数量是现在的两倍，你能将它们全部售出吗？"大多数情况下，领导者都认为，凭借现有的资源，他们可以轻松售出比当前多一倍的产品或服务。

然后我问他们："既然如此，为什么现在不将销售量翻倍？阻力是什么？"他们茫然地看着我，似乎此前从未考虑过这个问题。

第十五章 提高销售业绩

❂ 尚未开发的市场潜力

实际上,你在销售或促销方面所做的努力只能触及大约 20% 的潜在客户,约 80% 的潜在客户根本不了解你的企业,也不知道你的产品或服务能为他们提供什么好处。因为,没有人告诉他们这些。

如果能解决这个问题,你就有可能将销售量提高一倍。这是你的主要任务。

❂ 销售问题

在我帮助客户实施市场营销战略的时候,我会让他们回答一系列有关销售的核心问题。经过 25 年的研究与实践,我设计了这一系列问题,它像一个公式或处方,涉及销售与营销过程的方方面面。通过回答这些问题,你可以迅速地对企业过去、现在和未来的销售情况进行分析。这些问题包括:

你在销售什么,由谁销售,销售给谁,销售价

格是多少，哪种支付方式与送货方式能让客户满意。

如果无法准确回答这些问题，销售工作就有可能失败。不幸的是，大多数企业都无法正确作答。

■销售什么

第一个重要问题就是：你在销售什么？为了准确回答这个问题，你必须根据产品或服务能做什么，以及能为客户带来什么利益来定义你的产品或服务。它将如何改善客户的生活或工作？客户购买了你的产品或服务后，将获得一系列利益。其中最主要的利益是什么？也就是说，在你能提供的东西中，优于其他竞争对手的有哪些？

■由谁销售

第二个重要问题是：由谁销售？由谁负责这种产品或服务的销售，并从客户那里拿到钱款？如何招募、培训、管理、分配并支持销售人员？销售人员需要怎样找到必要的销售线索，并与潜在客户进行面对面的交流？

销售人员相当于军队中的步兵。开战之前，军

第十五章 提高销售业绩

队将领必须仔细思考如何招募和训练士兵。同样，作为管理者你也必须思考，与可能会下单的客户进行面对面交流时，销售人员应该说什么，做什么。

■销售给谁

第三个重要问题是：销售给谁？为了回答这个问题，你必须准确地界定"理想客户"，将销售活动集中到这类客户身上。对于最有可能购买你的产品或服务的客户，即最有可能通过你的产品或服务而受益的潜在客户，你应该准确掌握他们的心理特征与人口统计特征，否则，销售人员就会去拜访许多并非潜在客户的人。

■销售价格是多少

第四个重要问题是：销售价格是多少？有时候，这个问题的答案是固定不变的。但在很多情况下，产品或服务的定价方式是影响销售和盈利水平的主要因素。

随着市场的变化，或为了应对客户反应或竞争压力，你必须根据需要频繁调整产品的价格。假设

现在对产品或服务重新定价,哪些产品或服务的价格需要提高、降低或适度调整?

■ **支付方式**

第五个问题是:采用哪种支付方式?你是否要求客户提前支付全款,是否需要支付定金,再按条件支付余款,是否提供信贷或融资?需要注意的是,竞争对手会怎么做?

通常情况下,改变收款方式或定价结构,可能会极大地提高销售量。在当前的市场上,你可以做出哪些改变,吸引客户购买你的产品或服务?

■ **交货**

最后一个核心问题是:怎样交货才能令客户满意,以哪种方式将产品或服务送到客户手上,才能让客户愿意再次购买并主动向他人推荐你的产品或服务?

提高交货时与交货后的客户满意度,可以大大提升未来的销售量。

毋庸置疑,你必须不断思考上述问题,找出答

第十五章 提高销售业绩

案。面对不断变化的市场,企业的经营状况很大程度上取决于你的答案是否恰当。

☢ 打造一流的销售团队

销售是整个经营过程的关键。然而,许多企业的管理者从未从事过销售工作。因此,他们不明白销售工作的重要性,他们认为,只需要打几个广告,雇用一些销售人员,就能生意盈门。如果销售量下降,广告不起作用,销售人员卖不出产品,他们会感到迷惑不解。

能够赚取高额利润的成功企业都拥有杰出的销售人员。他们通过了专业管理者的严格选拔,接受过充分的培训——有些培训甚至会持续数月。优秀的销售主管会根据多年的工作经验,对这些销售人员进行专业化的日常管理。有时,只需要换一位销售主管,企业的销售量就能得到大幅提升,使整个企业脱胎换骨。

无论面对什么样的市场，企业成功的关键都在于组建一支一流的销售团队。你需要特别关注这一方面，不要等到市场形势变得更加严峻、竞争变得更加激烈时才加以重视。

关键技能

打造一支高效的销售团队，从最初的人员选拔、培训到日常管理，这个过程既是一门艺术，也是一门科学。对于靠销售业绩决定成败的企业来说，这是它的关键技能。销售团队就像汽车引擎，马力和效率决定了整辆车的行驶速度。

许多企业将全部精力投入到销售上，最终实现了蜕变。他们为销售人员设置了明确的要求，然后对严格选拔出的销售人员实施全面的培训和专业化的管理。这样一来，企业的销售量与现金流都能得到显著提升，企业也能够经受住市场的考验。

第十五章 提高销售业绩

▶ 实践练习

1. 从第一次接触客户到最后成交,必须经过怎样的过程?你是否了解这一过程,如何改进这一过程?

2. 要让潜在客户选择你的产品而非竞争对手的产品,必须让潜在客户相信什么?

3. 资金充足的情况下,在销售时应该提供哪些特别的利益,使产品比其他产品更具吸引力?

4. 招聘销售人员时,你会遵循怎样的流程,借助哪些媒介?你对应聘者的教育背景和工作经历有哪些要求?

5. 你为销售人员制定了哪种薪酬体系,制定该体系的原则是什么?如何改进才能更好地激励员工提高销售业绩?

6. 有多少业务来自满意客户的推荐?如何提高客户推荐带来的业务量占业务总量的比例?

7. 为什么你的销售量未能翻倍,在销售方面,你应该做出哪些努力,才能发掘出尚未触及的 80% 的客户?

第十六章
克服障碍

解决问题的关键既在于找到正确的方向,也在于找到能攻克堡垒的入口。

——乔治·波利亚(George Polya[1])

如果一个人的主动脉出现了一处堵塞,可能会导致心脏病发作,即使身体的其他方面都很健康,也可能造成一个人的死亡。詹姆斯·菲克斯(James Fixx)是慢跑健身领域的权威,也是美国顶尖的长跑选手之一。几年前,他在慢跑中因心脏血管堵塞,

---

[1] 乔治·波利亚(1887—1985),美籍匈牙利数学家。——编者注

第十六章
克服障碍

导致心脏病发作而不幸去世,当时年仅 52 岁。

从各个方面来看,詹姆斯·菲克斯都算是很健康的人,但那一点堵塞终结了他的生命。这样的情况也可能发生在企业经营、职业生涯与个人生活中。一旦出现一个致命的缺陷,即使不会夺走你的一切,也足以让你付出沉重的代价。

明确制约因素

企业总会存在一些关键的制约因素,它能决定企业实现目标的速度。这些制约因素不仅会阻碍企业的发展,使你无法实现计划中的销售与盈利目标,甚至会摧毁整个企业。

你必须找出障碍并加以克服,这是帮助企业实现目标的最快方法。如果你掌握了约束分析的技能,就可以将它运用于今后的事业中。

☢ 约束分析的步骤

对企业进行约束分析时,你需要遵循一定的步骤。首先,确定企业的具体目标。目标要清晰,并且有可衡量性和截止时间。

第二步,你要问自己:为什么现在还没有实现目标,是什么阻碍了你,有哪些障碍?

再回到之前提过的一个问题上:你是否希望将销售量和收入翻倍?如果答案是肯定的,那么为什么至今你都未能实现这一目标,有哪些局限与制约因素?

☢ 障碍无处不在

每一项复杂的活动,无论是大工厂的生产流程,还是你早上离开家去上班,都会遇到制约因素,这些障碍决定了你实现目标的速度,也关系到整个过程的成败。

第十六章 克服障碍

只要克服一个障碍，就能大大提升实现目标的速度，其效果会使你与周围的人惊讶。约束分析是你可以进行的最重要的战略思维练习之一，在这个过程中，你需要找出一项有助于加快目标实现的活动，并将注意力集中于此。

内部约束与外部约束

二八定律同样适用于约束因素。对企业实现目标的能力而言，大约有 80% 的局限或制约因素来自企业内部而非企业外部。例如，你仍未将销售量与盈利水平翻倍，大约 80% 的原因出在企业内部，只有 20% 的原因来自外部市场或外部因素。

这些内部约束可能存在于工作流程中，因此，你需要对工作流程进行部分或整体的调整，使其更快更有效地运转。除此之外，制约企业发展的因素还包括缺少某个特定的人或某项特定的技能。有时，增加一个具备某项突出技能的人，就可能给企业带

来巨大价值。

⚙ 能力不足成为制约因素

反过来也一样。如果某位担负重任的员工能力不足,却没有人敢指出这一问题或将其解雇,这位员工就会变成制约因素。很多企业陷入困境,甚至最终破产,皆是因为未能有效处理员工不称职这一问题。

销售能力不足也会成为制约因素。或许你有优秀的产品或服务,但缺少得力的销售人员进行销售。正因如此,很多企业被市场淘汰。

⚙ 错误的产品

内部约束也可能源于产品或服务不适合当前的市场。无论你多么努力,员工的能力有多强,始终

第十六章 克服障碍

没有足够的客户为你的产品或服务买单。要解决企业在销售和现金流上的约束，必须研发或提供更符合潜在客户需求的产品。

产品生产与交付的效率低下也可能成为一个制约因素，它会导致成本增加或收入减少。企业发展的障碍也可能来自产品或服务方面的缺陷，这些缺陷导致客户不满、退货或退款，以及付款方面的问题。

掌握情况

只有约 20% 的问题和制约因素来自市场、竞争对手等企业外部的因素，这是你无法直接控制的。这并非意味着重要的外部因素会限制企业的发展与盈利能力，而是说你应当先从内部找问题，然后检查外部。

对企业成功至关重要的一点是，必须找出你的主要制约因素，无论它是什么，你都要集中精力将

其攻克。克服它之后，带来的回报将远大于投入相同的时间和精力去做其他事情所带来的回报。

能否找出企业面临的障碍并设法克服，将直接影响到企业经营的成败。这也是涡轮策略方法的核心内容。但是，如果你未能找出正确的制约因素，不仅会浪费时间与精力，还会导致真正的问题得不到解决，这是最糟糕的局面。

☢ 找出限制个人发展的因素

思考个人生活与目标，问问自己："对我而言，最重要的目标是什么？为什么我还没有实现这一目标，哪些自身因素阻碍了目标的实现？"

分析是否是因为欠缺某种决定目标实现速度的品质、特质或技能，是否有某种态度或信念造成了阻碍，同时，最重要的是，应该立刻采取哪些措施解决这些问题？

第十六章 克服障碍

> **实践练习**

1. 制定清晰且可以衡量的销售目标与盈利目标。思考一个问题：决定这些目标实现的速度的因素是什么？

2. 套用下列句型：要不是因为……我们就可以将销售量翻倍。

3. 阻碍你实现最重要目标的因素是什么？如何克服？

4. 找出企业内部阻碍发展的约束因素。

5. 评价每个关键岗位上的员工。他们能否完成对企业成功至关重要的工作？

6. 确定了影响企业成功的主要制约因素或障碍后，请思考一个问题：阻碍发展的其他因素有哪些？不断思考这个问题，直到找出企业面临的真正问题。

7. 在生活和工作中，哪些因素决定了目标实现的速度？从自身出发寻找答案。

第十七章
企业再造

一个工作团队的生产效率的高低似乎取决于团队成员如何看待个体目标与团队目标的关系。

——保罗·赫赛（Paul Hersey）[1]

你的目标是打造一个有序、高效且盈利丰厚的企业，无论面对什么样的市场，无论在哪个方面，该企业都能顺利地经营，没有任何浪费或冗余。为此，你需要思考的唯一问题是："我该如何实现这个目标？"

---

[1] 保罗·赫塞,全球著名领导力大师,情境领导模型创始人,美国领导力研究中心（CLS）创始人。——编者注

第十七章 企业再造

迈克尔·哈默（Michael Hammer）与詹姆斯·钱匹（James Champy）合著的《企业再造》（*Reengineering the Corporation*）将"再造"的概念发扬光大。所谓再造，是指简化经营过程，提升效率，赚取更大的利润。

对抗复杂性

在生活中，特别是在商场与官场上，人们总是自然而然地倾向于复杂。结果，连最简单的工作都变得十分复杂，环节越来越多，结果却没有变化。这些新增的环节在当时看来好像合乎逻辑，但实际上，它耗费了更多成本，降低了效率。

复杂性定律

根据与各类企业和组织共事多年的经验，我总结出了"复杂性定律"（The Law of Complexity），

即一个过程的复杂性等于该过程步骤数的平方。

复杂性是指：在完成某项任务或某个项目的过程中，可能出现的成本、时间与错误的增加。

在这个定义中，最重要的一点是"可能增加"成本、时间和错误。这并非意味着复杂的过程一定会因步骤增多而增加成本与时间，只是说随着复杂性的提高，出现这种情况的可能性会大大增加。

简单任务与复杂任务

接下来我将解释复杂性定律的应用。如果一个过程只包含一个步骤，那么 1 的平方仍然是 1。这种单一步骤的任务的复杂程度非常低，可能耗费的成本与时间很低，可能出现的差错也很少。例如，如果你要亲自打电话，这个行为非常简单且直接，几乎不存在任何复杂性，出错的情况也只有一种，即拨错了号码。

如果你增加了一个步骤，那么 2 的平方是 4，复

第十七章
企业再造

杂程度将从 1 提高到 4,出错的可能性和成本、时间增加的可能性都将增至原来的 4 倍。再以打电话为例。如果你让别人帮你拨打电话,传达信息并听取答复,那么错误传达与遗漏信息的可能性就会大幅上升。

指数增长

如果你增加到三个步骤,3 的平方是 9,也就是说,从可能出现的问题、可能增加的成本与时间来看,复杂程度为 9。例如,你让某人找另一个人帮你打电话,传达信息并听取答复。那么,错误传达、成本与时间的增加以及出现差错的可能性都是自己直接打电话时的 9 倍。

如果你不断增加步骤,复杂性将呈指数增长。如果一个过程包含了 10 个或 15 个步骤,它所消耗的成本与时间,以及可能出现的差错数量都会直线上升,超出想象。因为如果复杂程度太高,一个过

程可能需要历时多年才能完成，虽然耗资巨大，差错却层出不穷。

☢ 减少步骤

简化工作与经营流程、提升效率的关键，就是减少每个流程的步骤。哪怕只减少一个步骤，将原本的5个步骤（复杂程度为25）缩减为4个步骤（复杂程度为16），就能将可能消耗的成本、时间以及可能出现的差错数减少了9倍。随着步骤数量的减少，你将以更低的成本获得相同的结果，可能出现的错误也会减少。

在企业再造的过程中，需要先暂停一些复杂且耗时的经营活动，就像比赛中的"暂停"一样。然后分析该活动中的每一个步骤，并按顺序将所有步骤写下来。

第十七章 企业再造

🔷 简化过程

列出步骤清单后,想方设法删减其中的某些步骤。

你可以将自己视为企业从外面聘请的管理顾问,大胆提出尖锐的问题:为什么要设置这一步?

企业再造的第二步是分析所有步骤,力求减少 30% 或更多的步骤。事实上,这一目标很容易实现,有时效果很显著。

🔷 压缩过程

举一个例子。在企业再造之前,美国西北互助人寿保险公司(Northwest Mutual Life Assurance Company)需要用 6 周才能批准一个人寿保单申请。等到保单得到批准时,潜在客户早已转投其他公司,或者放弃了购买保险的打算。

对这 6 周的过程进行分析后发现,批准或驳回一个人寿保险的申请需要经过 24 个步骤,申请的各

个部分要经过 24 个人的检查，但实际花在每份申请上的时间总共只有 17 分钟。

这一流程经过多年实践而成，其目的是避免保险申请批准过程中出现差错。在过去，每次出现差错，公司就会增加一个审核或控制环节，以避免将来出现同样的差错。

显然，这一流程太过繁复，公司决定对其进行再造。方法相当简单，将原来 24 个步骤中的 23 个步骤合并成一项工作，只需一个人负责，即审核保单中的所有细节，然后将保单提交给主管。主管只需审查前一位员工的分析，并决定是否批准。审批结果会在 24 小时内反馈给一线员工。审批流程加快以后，西北互助人寿保险公司每年承保的保险金额增加了数亿美元。

合并步骤

在企业再造的过程中，你必须尽可能地减少一

第十七章 企业再造

切不必要的步骤，然后设法将若干步骤合并为一项工作，使其可以由一个人单独完成或同时完成，减少时间。

在一些高效的小规模航空公司，办理登机手续、出票与批准登机的是同一个人，他可能还是机上的乘务员。飞机抵达后，他还会负责收拾机上的报纸，清理机舱，为下一趟航班做准备。但在另一些航空公司，这些工作会由不同的人分别完成。你认为哪家公司盈利能力更强、效率更高？

❂ 将业务外包

为了简化业务流程，需要设法将其他公司可以代工的业务外包出去。只要不属于核心业务，都可以进行外包，包括会计、计算机或电脑维护、工资发放、打印等。把这些工作交给专门从事这些业务的企业，不仅能降低成本，还能提高工作的完成质量。

❂ 将价值较低的任务委派给他人

你可以将部分任务交给其他人去完成，专注于更加重要的任务。放弃那些无法为产品、服务和客户创造价值的活动。想方设法减少工作的步骤。

当你习惯以某种方式做事后，就不愿意进行改变。但是，如果你想节省时间与资源，去做更多客户真正重视的事情，就必须坚定地将尽可能多的任务进行合并、外包、委派给他人或者删除。

❂ 删除步骤

工作流程中的一个多余的步骤就如同野草，如果不能彻底清除，就会再次生长，增加整个流程的复杂性。有时，你需要做的只是彻底停止某个活动，将它完全删除。如果一项任务无法贡献巨大的价值，或者如果重新开始，你不会再做这项任务，那么你应该彻底放弃这件事，把时间和精力投入到更加重

第十七章 企业再造

要且更有可能带来回报的任务中。

实施职责管理。选择负责人后,要将职责完全交由他来承担。这样,你才能彻底放手,寻找简化流程、降低复杂性的办法。

☢ 交给别人去做

在职业生涯开始之时,你会发现自己需要承担众多任务。随着职位的提升,你要承担的责任更加重大,过去的任务也会像老朋友那样,仍然不离开你。管理者常常要重复做自己已经掌握的事情,这种现象的确司空见惯,特别是在截止时间的压力下,或失去耐心的时候。

有句老话说:"要想把事做好,只能靠自己。"但是,这样的说法已经过时了。今天,正确的说法应该是:"要想把事做好,必须找一个和你一样能干(或者比你更优秀)的人。"

❂ 实施例外管理

简化工作流程的另一个方法就是实施"例外管理"。将任务分配给能够胜任它的人之后,你可以要求对方只在实际情况偏离既定目标的时候进行报告。避免出现管理过度,也不必要求对方在工作过程中不断报告。要做到简化、简化、再简化。

❂ 更快更准确地做决策

提升工作速度的另一个方法就是迅速做决策,不要拖延,不要让别人等待。决策失误或犹豫不决,就像把塞子塞进水管里,会阻碍整个工作流程。毕竟,在等待他人做决定之时,任何人都无法继续推进这一工作。

提高决策速度的最佳方法之一,就是让其他人来做决策。鼓励员工根据自己的常识进行决策,不需要事事都征求你的意见或批准。当他们带着问题

第十七章 企业再造

来找你时,你可以先问问对方:"你认为我们应该怎么做?"

无论对方的答案是什么,只要合理,你就可以放手让他们去做。你会惊讶地发现,他们的决策能力能够快速提升,决策的正确性也会越来越高。请记住:如果不必亲自做决定,就不要去做决定。这也是简化的重要方式。

☢ 马上行动

从现在起,将简化工作流程当成一场比赛,兼顾速度与效率。鼓励并培养员工的"紧迫感",一接到任务,就立刻着手工作。当工作开始之后,就要争分夺秒,力求早日完成。

如果有人提议在工作或项目流程中增加一个步骤,你要立即阻止。在今后的职业生涯中,你需要想方设法地减少工作步骤,降低工作的复杂性,力求以更快、更轻松的方式完成工作。

❖ 简化个人生活

你也可以对个人生活进行盘点。特别关注那些需要做的事情太多但时间太少的地方，它往往会令你不知所措。然后，你要下定决心，对生活进行再造。

不断寻找方法，减少每个工作过程的步骤，降低复杂性，找出那些可以委派给其他人、简化或删除的任务与活动。

与此同时，将更多的时间投入到自己喜欢并有助于促进个人成功、提升幸福感的事情上来。

▶ 实践练习

1. 将简化作为一种生活方式。工作中的哪些方面使你的生活变得复杂？应该采取哪些措施来改变这种状态？

2. 运用零基思考法分析每项活动以及每个步骤。

3. 选一项复杂的工作或流程，列出全部步骤。如

第十七章 企业再造

何减少 30% 的步骤?

4. 如果一个人的工作能力只能达到你能力的 7 成，你可以将哪些任务或活动委派给他?

5. 企业中哪些业务可以外包给专门从事该业务的其他企业或个人?

6. 在不触及底线的情况下，哪些工作步骤可以完全删除?

7. 在个人生活中，哪些方面需要改进与简化? 你打算什么时候去做?

第十八章
分析利润

大多数成功者之所以能不同凡响,并非因为他们拥有天资或机遇,而是因为他们会发掘身边的机会。

——布鲁斯·巴顿(Bruce Barton) [1]

众所周知,50% 的广告都是无效的,但没有人知道究竟哪些广告属于这 50%。因此,广告预算似乎总会超出实际所需。这一问题常见于当今许多企业,金钱被白白浪费,却没有人能确定它浪费在了

---

[1] 布鲁斯·巴顿(1886—1967),BBDO 广告公司的缔造者。——编者注

第十八章 分析利润

哪里,是如何被浪费的。

低利润或无利润

如今,许多企业赚取的利润很低,或毫无盈利,因为企业的销售量无法匹配其经营成本。为产品和服务定价的人可能完全不了解这些产品或服务从生产到销售所需要的真实成本。定价方面的问题常常被企业的整体经营情况与总收入所掩盖。

你应该听到过这句话:"虽然每单生意都有亏损,但我们的销量上去了。"

许多时候,这绝非玩笑。我们经常看到,有些企业经营的产品或服务种类太多,面对不同类型的市场,往往要制定许多高低不一的价格,需要采用不同的销售方法。如果了解了生产与销售产品或服务的真实成本,企业就会发现,销售某些产品或服务会导致亏损,或者达不到理想的盈利水平。

☢ 利润分析

涡轮策略最重要的一部分是,对你所销售的每种产品或服务进行全面的利润分析。然而很少有企业会这样做。而当你开始进行利润分析时,企业的利润往往能得到显著提升。

进行利润分析时,可以将二八定律应用于企业的各个方面。你要明确哪些产品或服务的销售量占总销售量的80%。它们往往占全部产品或服务的20%。然后,你需要确定哪些产品或服务创造的利润占企业总利润的80%。你会惊讶地发现,这两个问题的答案未必相同。

接下来,你需要分析成本,明确哪些活动的成本占企业总成本的80%,这些活动往往占全部经营活动的20%。最后,你要对客户进行分析,确定哪些客户(一般占总客户的20%)为企业创造了80%的利润。

第十八章 分析利润

高销量客户与高利润客户

通过分析这些数据，你会发现，在大多数情况下，大客户未必能为企业带来最高利润，最畅销的产品或服务也不一定最赚钱。或许你也发现，与某些客户做生意或经营某些产品的成本非常高，几乎不值得投入人力和资源。这些结论只能通过数据分析才能确定。

危机管理专家接管了一家陷入困境的企业后，通常会立刻进行利润分析。他们会分析每种产品或服务，迅速确定哪些产品或服务的利润最高，哪些产品或服务的利润排在第二，哪些产品或服务的利润最低。

完成这样的分析后，危机管理专家会迅速放弃、出售或关停企业中无法赢利的部分。危机管理专家关注企业的现金流，而现金流主要来自出售产品或服务并迅速获得的收益。

❂ 关注现金流

你应该将自己视为企业的危机管理专家,特别是当企业发展滞缓的时候。为了增加利润,必须对企业进行全面的利润分析,并迅速采取措施,将资源集中于能为企业创造最多净现金的业务上。在这个过程中,你需要不断对企业进行分析,准确把握每种产品或服务的盈利能力,使之精确无误,并进行互相对比。

很多企业在发展的过程中会习惯性地将越来越多的工资、租金、电话费、差旅费、广告费等支出纳入"一般管理费用"中,只有那些属于具体产品或服务的支出才算作成本。结果,许多支出被"隐藏"在账目中,即使是负责人也不知道资金的确切来源与用途。

❂ 盈利能力排序

事实上,只需稍微花一点时间与精力,就可以

第十八章 分析利润

按照利润的高低对所有产品或服务的盈利能力进行排序。可以计算一个产品或服务的净利润额,也可以计算一个小时的净利润额。无论采用哪种计算方式,总能找到盈利能力最强的产品或服务,接下来是盈利能力第二的产品或服务,然后是排名第三和第四的产品或服务,依此类推。你的任务就是确定各个产品或服务的利润与排序。

确定盈利能力

利润分析的第一步是正确计算一个产品或服务的销售总收入,需要扣除缺陷、退货、破损、遗失、浪费与坏账,这样才能得到精确的销售总收入,进而计算出准确的销售净收入。

计算出精确的数据后,下一步是准确计算向客户提供产品或服务所需的全部成本,其中包括生产与交付产品或服务所需要的直接成本,以及这些产品或服务所必需的间接成本、可变成本、半可变成

本与固定成本，只有这样才能计算出精确的数值。你必须保证这些成本的绝对真实。

准确分配成本

正确计算并扣除生产与销售产品或服务的过程中所需要的劳动力成本。此外，还要扣除部分租金、用电、电话、公用事业与一般管理费用。这些成本是企业经营中产生的真实成本，必须包含在内，这样才能精确评价产品或服务的盈利能力。

接下来，需要扣除一定比例的广告、促销、市场营销、劳动力与佣金支出，尤其要扣除你自己与其他管理者所投入的时间成本。这些时间成本可以按照每单位产品或服务的小时费率计算。

计算小时费率

人们往往搞不清楚"小时费率"这个概念。事

第十八章 分析利润

实上,企业雇用一位员工,为此付出的成本是该员工工资的 3—6 倍,其中包括为该员工提供的福利、该员工完成工作所需的办公室与其他设施的费用、休假工资、养老金支出以及为管理或支持该员工而支付给其他管理者和员工的费用。

小时费率的计算有一个简便方法:将年收入除以 2000 小时,即美国人一年的平均工作时间。例如,如果你的年收入为 10 万美元,除以 2000 小时,你的小时费率为 50 美元/小时。因此,你在一个产品或项目上花费一个小时,企业不仅要支出直接的薪酬成本,还要支出至少两倍的相关成本或"间接成本"。在计算一个产品或客户为企业带来的真实利润时,必须将这个成本计算在内。

☢ 将机会成本包含在内

许多小企业的老板与管理者忽略了工作中的"机会成本"。如果将时间与精力投入到其他任务上,每

小时可能会得到50美元、100美元甚至更高的收入。如果你花了一个小时的时间进行销售，就必须在相关产品或服务的销售成本中加上一小时的时间成本，或者从销售该产品或服务所得的利润中减去这一个小时的时间成本。

很多企业发现，一些客户对管理者与员工提出了一定的要求，导致企业在与这些客户交易时处于亏损的状态。这类客户被称为"高成本维护"客户。你在"高成本维护"客户身上耗费的时间越多，在其他客户身上所花的时间就会越少，而后者却可能为企业创造更高的净利润。

为产品划分等级

现在，你可以进行下一步了，即根据盈利能力，为所有产品或服务划分等级。思考在扣除包括直接成本与间接成本在内的全部成本后，盈利能力最强的产品或服务是什么。

第十八章 分析利润

通常情况下,你为生产与销售一个产品所耗费的时间和金钱的数额,与扣除全部成本后所得的利润数额之间几乎没有什么关系。有时候,我们会想当然地认定或忽视最赚钱的产品、活动或客户。

请找出能为你带来最大利润与最少利润的客户。分析这类客户有哪些共同特征,如何组织企业,吸引并留住更多能为企业带来高额利润的客户?

❂ 直面残酷的现实

你可能已经发现,在所有产品与服务中,有一半的产品与服务所创造的利润微乎其微,甚至还会造成亏损。面对这种情况,危机管理专家会要么立刻提高这类产品与服务的定价,要么完全放弃它们。你也应该用同样的方法。

对企业所销售的全部产品或服务进行严格的利润分析,可以迅速扭转企业的现状,提升企业的盈利水平。你可能要放弃 80% 的产品或服务,但由此

造成的损失并不大。接下来，你可以将所有的人力和物力投入到剩下的 20% 的产品或服务上，它们能为企业创造 80% 的利润。

从长远的角度考虑你的企业。思考目前能为企业带来最大利润的产品是哪些，过去为企业带来最大利润的产品是哪些，根据企业的发展趋势，未来又有哪些产品或服务能为企业带来最大利润。请记住，预测未来的最好办法就是去创造未来。

分析自己

最后，像分析企业那样分析自己。思考在自己所做的事情中，哪些事情对企业的贡献最大，哪些工作的小时费率最高，未来你将有哪些机会，为了提高自己在未来的价值，你需要掌握哪些新技能。无论答案是什么，你都要从现在开始学习，切勿浪费时间。

第十八章 分析利润

> **实践练习**

1. 分析每种产品或服务的利润,按盈利能力的高低进行排序。

2. 20%的产品与服务的销售额占企业总销售额的80%。这些产品与服务是什么?

3. 20%的产品与服务带来的利润额占企业总利润的80%。这些产品与服务是什么?答案与上一题的答案是否相同?

4. 扣除全部直接成本和间接成本之后,按照成本与收益判断,盈利能力最强的产品或服务是哪些?

5. 你的小时费率是多少?为了准确计算成本与利润,必须将小时费率纳入计算中。

6. 将一定比例的一般管理费用分摊给企业所销售的各个产品或服务。这样一来,很多产品或服务的盈利都会变成亏损。

7. 假设企业面临严重的资金短缺问题,你会将资源集中在哪些产品或服务上,放弃哪些产品或服务的生产与销售?想清楚答案后,不妨现在就开始行动。

第十九章
持续改进

无论在哪个领域努力，一个人的生活质量与他对卓越的追求成正比。

——文斯·隆巴尔迪（Vince Lombardi）[1]

质量革命始于日本，而后席卷美国，彻底改变了企业的经营方式。过去，如果你想提高市场份额与盈利水平，就必须有优质的产品。现在，如果你想打入一个市场，首先就要有高品质的产品。如今

---

[1] 文斯·隆巴尔迪，美国历史上著名的橄榄球教练。——编者注

第十九章 持续改进

的客户要求你销售的一切产品与服务都必须具有高品质。

好在有多种方法可以从各个方面来提升你的企业。你的任务就是找到更快、更好、更经济的做事方法。想象一位野心勃勃的竞争对手正在步步紧逼，他会向你的客户提供更好的产品或服务，从而将你挤出市场。

质量革命

第二次世界大战后，日本作为战败国，经济发展严重受损。为了振兴经济，日本最初采取的措施是制造大量价格低廉的商品，出口到其他国家，主要是美国。在20世纪50年代，大量的日本产品涌进美国市场，因质量低劣，这些早期的产品被称为"日本废品"（Jap Scrap）。

同一时期，一位来自美国的管理顾问造访日本，建议他们采取质量控制方法。日本人积极采纳了这

一建议。

精益法

爱德华兹·戴明（W.Edwards Deming）将持续改进的理念引入日本制造业，后来，人们将其命名为"精益法"（Kaizen method）。依靠这个方法，日本在短短几年内就因其高质量的产品制造而享誉世界。

在日语中，"kaizen"的意思是"持续改进"。有时，人们也将其称为"持续不断地改进"。实施这个方法的基础，是企业相信每件事都能得到持续不断的改进。

全新的思考方式

运用"精益法"时，企业各级的员工都会受到鼓舞，想方设法完成工作，以更好、更快、更经济

第十九章
持续改进

的方式生产产品或服务。管理层可以采用建议箱、头脑风暴会议、奖励制度、持续鼓励等方法,让每位员工思考如何更好地完成工作。

持续改进不需要用重大的突破性想法去颠覆企业的经营方式,但偶尔也会有突破性的进展。实际上,这一方法鼓励员工在自己的"视线"范围内寻找可以完善的地方。这一方法的基础理念在于,每个人都能在自己的"视线"范围内发现有助于改进工作质量的小事。

从高层开始

鼓励每位员工探索更好、更快、更简便的工作方法,允许员工自主尝试改进方法,不用担心因失败而遭到批评。有时,巨大的进步往往来自微小的尝试。

你应该经常置身事外,客观审视每一个产品、服务与工艺流程。思考如何予以改进,如何使其变

得更好、更快、更经济，如何以更快的速度或更低的成本取得相同或更好的结果。切不可满足于现有的质量水平，要想方设法提升质量。

必须定期与团队成员开展头脑风暴，研究降低成本、提高质量、增加销量与提升利润的方法。鼓励每个人思考如何把工作做得更好。必须把追求"持续改进"纳入企业文化之中。

全面质量管理

全面质量管理（Total Quality Management，TQM）的基础，是对每个过程的每个环节进行详细分析，然后找出在各个领域进行持续改进的方法。对关键领域的改进能使企业在残酷的市场形势下占据竞争优势。

在竞争中，如果你不能提高产品或服务的质量，竞争对手就会提高质量，抢走你的生意。事实上，无论支撑你走到今日之位的原因是什么，它都不足

第十九章 持续改进

以维持你的地位。无论现在采取什么措施,只要你仍然想在市场上占据一席之地,就必须在未来一年里有所改进。

请记住,竞争对手终日都在思考如何抢走你的客户,将你赶出市场。为了达到这一目的,他们所能采取的最快、最有效的办法就是以相同的价格提供品质更好、更有竞争力的产品或服务。因此,你需要在质量改进方面超越竞争对手。

❂ 以他人为基准

要保持企业在持续改进方面始终领先于他人,办法之一就是将自己与行业内最优秀的人和企业进行比较。选择一个在某方面(如销售、生产、分销或客户服务)成绩斐然的企业,然后找出这些企业在这一方面采取了哪些措施,并尽可能向其学习。学会了这些最优秀的做法后,你就可以找到改进的方法,力求超越对方。

❂ 追求卓越

以"卓越"为标准，并且为达到这一标准不懈努力。要让所有员工知道，企业的目标是打造最好的产品或服务。必须严格执行质量标准，为其他人设定高标准。

不允许任何在质量上有瑕疵的产品或服务进入市场。如果听闻有客户因产品缺陷而感到不满，你应当立即向客户道歉，并尽一切可能弥补过失。企业所做的一切都应以客户满意为驱动力。

在工作中，最重要的激励因素之一，就是你知道自己所在的企业坚持不懈地追求卓越。要赢得所有潜在客户与现有客户的心，企业要做的就是努力做到"最好"。如果一提到企业和企业所提供的产品或服务，每个人都说它是"业内最佳"，这将为销售量与盈利能力带来哪些变化？

如果将"追求卓越"作为人生目标，你要从现在开始做些什么，以保证自己在未来能够被公认为

第十九章 持续改进

"最好的"？如何开始这一过程？

质量与盈利能力

哈佛大学一项名为"营销策略的利润影响"（PIMS）的研究对数百家企业二十多年的财务结果进行了分析，结果发现，感知质量与企业的盈利能力之间存在直接关系。客户对企业的产品或服务的感知质量越高，企业的盈利能力就越强。

例如，假设一家独立研究机构要在你所处的市场内进行一次民意调查，调查者列出了同一行业内的所有企业，并向被调查者提问："你认为该行业内最优秀的企业是哪一家？"你会发现，大众公认的最优秀的企业也是该行业内盈利能力最强的企业，排名第二的企业的盈利能力也排在第二位，依此类推。

这里有一个问题：如果对你的潜在客户做一个类似的调查，你的企业将排在第几位？是被公认为"最佳"，还是排在末尾？为了提升排名，应该采取

哪些措施。

客户如何定义质量？

戈登·贝休恩（Gordon Bethune）接管了陷入困境的美国大陆航空公司（Continental Airlines）后，进行了一项调查，以确定客户对"质量"的定义，以及他们最迫切的需求。调查结果显示，绝大多数客户的答案是"准时出发，准时到达"。这一目标成为他未来三年的工作重心。

他的工作颇具成效，该公司的航班越来越准时，不仅能准时抵达，准时起飞，而且公司的销售量、盈利水平、客户满意度、员工士气与股票价格也随之有了大幅提升。集中精力将客户重视的某个方面做到最好，通过这种方式，美国大陆航空公司成为20世纪90年代成功扭转败局的最典型的企业。

第十九章 持续改进

☢ 客户需要什么？

质量不是客观存在的，也无法由企业加以定义。质量是感性的、主观的，它需要由客户来定义。一个产品的质量就是客户对产品的评价。套用一个著名的法律观点"我无法准确定义它，但当我看到了它，我就知道它是什么"。

客户会从两个方面来定义质量。第一方面是产品或服务本身。如果一个产品或服务能够做到应该做的事，那么它就是优质的产品或服务。当客户购买了这样的产品或服务后，它能履行对客户的承诺。

第二方面是客户看到的产品出售、服务与交付的方式。这种个人或情感的体验比产品或服务本身更加重要。有调查显示，68%的客户流失并非因为产品、价格或能力上的缺陷。相反，客户流失的主要原因是他们在购买产品的过程中感觉自己未受到重视。

❂ 与竞争对手对比

将自己的产品或服务质量与竞争对手进行对比并评级,最低为1级,最高为10级。对比时要做到实事求是,可以征求其他员工的意见,请那些重要的客户发表看法。无论最后的等级为多少,你都要以这个等级为基准进行持续改进。

了解了自己的质量等级之后,你的目标就是将质量提高一个等级。例如,如果你的产品或服务质量为7级,你应该努力将其提高至8级。达到8级之后,你的目标就是达到9级,依此类推,直到质量达到10级。你的长期目标是让客户认为你是"业内最佳"。

❂ 个人质量等级

持续改进的原则也适用于个人。找到你能为企业和客户做的最重要的事情,并就此为自己评级,

第十九章 持续改进

最低为1级,最高为10级。你可以咨询同事、老板和客户,让他们给你评级。然后,你需要竭尽所能提高自己的等级,直至将关键技能磨炼至卓越。

当你做一件事情的时候,可以实践"精益法"与"持续不断改进"。不要满足于当前的水平,每天都要思考如何将工作做得更好。无论你依靠什么取得了现在的成就,它都不足以让你保持当前的地位。因此,必须不断提高对自己的要求。只有这样,你的生活才能变得更好。

实践练习

1. 客户如何定义质量?选择你的产品或服务时,客户最看重的是什么?

2. 与竞争对手相比,你的企业等级是多少(1—10级)?如何有效提升企业等级?

3. 为企业建立一套奖励机制,鼓励员工提出改进质量、提高客户满意度的建议与想法。

4. 你是否为员工、产品与经营活动制定了质量与

业绩标准？是否所有人都了解这些标准的内容？

5.你认为行业内最优秀、最值得尊敬且盈利最高的企业是哪家？如何以该企业为基准提升自己？

6.为了提高客户满意度，你应该立即采取什么措施？

7.对于你在工作中所做的最重要的事，如何提高其质量？

第二十章
专注核心业务

真正的力量的奥秘就在于此。通过不断实践，学会如何在任何时间与地点将资源集中起来，节约使用。

——詹姆斯·艾伦（James Allen）[1]

几乎每一家企业的创建都源于一两个人提出的关于某个产品或服务的想法。随着时间的推移和经验的积累，企业的核心产品会发生变化，最终确定下来。如果有合适的产品和市场，企业就能转危为

---

[1] 詹姆斯·艾伦，成功心理作家，作品众多，被称为20世纪的"文学神秘人"。——编者注

安，销售量与盈利能力开始增长。企业逐渐将精力集中于自己擅长的领域，最终领先于竞争对手。

你最擅长的业务就是核心业务，也是客户最喜欢、能为企业带来最大利润的业务。核心产品或服务是企业发展的基础，也是企业最突出的地方，能为企业赢得知名度。

明确核心业务

你的核心业务是什么？如果放弃其他一切，最后留下来的核心是什么？不到最后关头决不放弃生产或供应的产品或服务是什么？

大多数人都会想当然地认为某项业务就是企业的核心业务。因为你擅长某个方面，因为它是企业的"现金牛"，所以你想当然地以为它会永远如此。然后，你将注意力转移到"非核心"业务上。几乎每家企业都会如此，特别是在核心业务的成长期与盈利期。这对企业而言是真正的危险。

第二十章
专注核心业务

守住核心业务

如果你偏离了核心业务,就会将大量的时间与精力投入到"非核心"业务上,将核心业务赚取的资金投向盈利越来越少的领域。如果不多加注意,就会有竞争对手出现,窃取你的核心业务,导致企业陷入严重的困境。

一定要守住核心业务,绝对不可偏离。在《回归核心》(Profit from the Core)一书中,作者克里斯·祖克(Chris Zook)和詹姆斯·艾伦(James Allen)详细阐释了核心业务的性质与重要性。通过对数百家公司的研究,祖克与艾伦得出结论:面对竞争压力或市场萎缩,企业最明智的策略就是回归核心,守住核心业务。

集中精力

二八定律适用于企业的各个方面。你需要确定哪些业务为企业创造了80%销售量和利润（它们占业务总量的20%），然后将精力集中在这20%的业务上。

之后再确定创造了80%销售量的产品与服务（它们占所有产品与服务的20%），购买了80%的产品和服务的客户（他们占客户总数的20%），创造了80%业绩的员工（他们占员工总数的20%）。

此外，还要明确将在未来创造80%销售量与销售收入的20%的机遇。这些几乎都是你的现有业务、核心能力与卓越领域的延伸。你的选择会在很大程度上决定企业的未来。

关注价值

20%的工作能为自己和企业创造80%的价值，要明确这些工作是什么。如果将双倍的时间投入到这20%的高价值任务中，放弃另外80%的低价值或无价值任务，你将成为企业内工作效率最高的人。

第二十章
专注核心业务

这就是你的核心任务。

工作中，20%的问题、烦恼、刺激会给企业带来80%的麻烦，要明确它们具体是什么。每天必须应付哪些难以相处的员工、客户和难题，面对上述问题与人，你应该采取哪些解决措施？

按照二八定律，你应该立即采取哪些措施来完善、提高和加强核心产品、服务、客户和业务？

☢ 你擅长什么？

你的产品与服务能在哪些方面优于95%的竞争对手？这些方面是提高销量、快速成长与增加盈利的最佳机会。企业应当将大部分的资源和精力投入到这些地方。

在企业经营中，最大的错误就是偏离核心业务，偏离你最擅长的领域。

当销售量或盈利出现问题时，你应当立即回归核心业务，专注你所擅长的领域，尤其要重视那些

能给企业创造最多利润且利润可预测的产品、服务和业务上。只有抓住一切机会去扩展核心业务，你才有可能扩大或进入未经检验的领域。

堡垒战略

在古代欧洲，人们建造城墙，保护城内居民免遭外来部落和军队的劫掠。随着城市的扩大，人们会在原城墙的外面再建一圈新城墙，保护日益增多的居民。这样一来，城市就像一个镖靶，围绕靶心有多个圆圈。

受到敌军攻击时，城内居民可以先撤到最外一圈的城墙内寻求保护。如果最外层城墙被攻破，守卫可以再撤退到内一圈城墙中。如果再遭攻破，就再向内撤退，依此类推，直到撤退至城中心防卫最严密的区域，即堡垒。堡垒是国家能否生存下去的关键，只要守住了堡垒，城市就有救，就有可能击退敌人，重建国家。

第二十章
专注核心业务

堡垒内存放着城市所有的财宝,是国王、高级将领、重要市民的居住地,还有足以应对长期围困的士兵。只要储备充足,城市就可以坚持抵抗,直到邻邦派兵支援。

☢ 明确你的堡垒

企业中有次要产品、服务和业务,也有核心产品和服务。前者是销售与收入的外侧城墙,后者是企业的堡垒,是利润的主要来源。

企业的核心业务可以被视为企业的"堡垒"。它代表了对企业生存至关重要的产品或服务,应当不惜一切代价加以保护。只要保持核心业务的优势,就能经受住市场的波动与销售量下滑。因此,你必须全力保卫企业的核心业务。

🔘 确定核心产品与客户

"堡垒战略"可以作为企业的经营策略,特别是在市场萎缩、盈利降低、现金流量减少的时候。根据这项策略,你需要考虑"最坏的情况",并以此为基础,留出相应的储备,以度过"最坏的情况"。

你需要随时准备好堡垒策略,分析并确定企业最有价值、最重要且盈利能力最强的产品,并小心加以维护。如果企业遭遇经营问题,你要保护好生存能力,为"撤退"至堡垒做好准备。

🔘 提前制订计划

在市场动荡的时期,销售低迷,你必须提前制定出策略,确保企业的生存与长期的成功。你必须准备一个充分的应变策略,以应对市场上可能出现的意外情况。绝对不要有侥幸心理,也不要指望市场形势会马上好转,要做最坏的打算。

第二十章
专注核心业务

企业的堡垒就是它的核心业务。无论核心业务是什么,你都需要定期进行"情景规划"。问一问自己:"在当前的市场上,可能发生的最糟糕的情况是什么?"

不管答案是什么,必须做好准备,确保企业能在最糟糕的情况下生存下去。

☢ 提前设计应对之策

面对企业经营这盘棋,最优秀的领导者会提前想出几步走法,并尝试预测对手可能如何接招。然后,企业要做好现金储备,制定备用方案,保住客户与市场。此外,在新产品开发方面做好准备,以应对可能出现的最糟糕的情况。你也应该这样做。

为企业制定一个堡垒策略。你可以效仿拿破仑。曾经有人问他是否相信运气,他说:"是的,我相信运气。但我所认为的运气通常都是厄运,我会成为它的牺牲品。因此,我必须提前制订相应的计划。"

个人的堡垒策略

作为个体,你必须清楚自己的核心能力是什么。要思考如何提高自己的每一项核心能力。在未来几年,你需要哪些核心能力来保持业内领先的地位。为了在未来获得核心能力,当下应该制订怎样的计划。

实践练习

1. 你的核心业务是什么,哪些产品与服务对你取得今天的成功发挥了最大作用?

2. 你的核心能力是什么,你的企业擅长什么?

3. 来年你的企业可能面临哪些糟糕的情况,如果出现这样的情况,应该制订怎样的计划?

4. 你的非核心产品、服务或业务是什么,如果完全放弃这些产品、服务或业务,会发生什么?

5. 谁是你的核心客户,应该采取哪些措施来留住他们?

6. 哪些员工是核心员工,换言之,哪些员工对企

业的生存和发展最重要,应该采取哪些措施来留住这些员工?

7. 企业的核心职能是什么,就你所从事的工作而言,哪些任务最重要,哪些任务属于外围任务?

第二十一章
关注结果

手中牢牢紧握那根指引自己走完忙碌人生迷宫的线索的人,一定是那些每天早晨都会为一整天的事务做好计划并执行计划的人。

——维克多·雨果(Victor Hugo)

文斯·隆巴尔迪曾经说过:"胜利不是最重要的,取胜的欲望才是最重要的。"

同样的,在商界,结果不是唯一的,却是最重要的。只有结果才能衡量个人能力与企业效益。

客户真正关心的问题是,"当我购买了你的产品或服务后,我能否得到你所承诺的结果?"客户不会同情你在员工、产品、生产、交付等方面遇到的任

第二十一章
关注结果

何困难或问题，客户只关心结果。

☢ 四个关键问题

在考虑购买产品或服务之前，客户必须找到以下四个问题的答案：

1. 价格是多少？
2. 我花钱买到的是什么？
3. 我需要多长时间才能得到卖家承诺的利益？
4. 如何确定我能获得哪些利益？

如果企业或销售人员对上述问题所做出的回答能够说服客户，客户就愿意下单。

☢ 兑现你的承诺

企业如何始终如一并踏实可靠地兑现承诺，这将关系到企业的成功与否。企业的销售量与发展取决于产品或服务能在多大程度上为购买者带来他所

期望的效果。因此,在评价你的产品和服务时,你必须思考:"客户购买我的产品或服务,希望获得什么样的利益或效果?"以及"客户购买我的产品或服务后,这些效果和利益能否始终如一?"实际上,这也是"质量"的真正含义。

质量评价可以被定义为:产品或服务能够兑现你对客户所做承诺的次数百分比。

质量评价为100%或完美,意味着企业销售的产品或服务始终能兑现承诺,质量评价为90%意味着在你做出的10次承诺中,兑现了9次。

☢ 点滴小事,意义深远

联邦快递发现,如果其质量评价达到99.90%,说明每天有44000封信件的投递出现失误。

如果维持99.90%的质量评价,联邦快递就会因自身的混乱而倒闭。这足以证明质量对企业的重要性。

第二十一章
关注结果

一个人的成功也取决于如何始终如一且踏实可靠地履行自己的职责与承诺。因此,你必须不断问自己:"别人想从我这得到什么结果?"

你的效率高低取决于其他人想从你这里得到什么。因此,领导者总会思考:"针对这种情况,我需要做什么?"找到答案后,他们会将精力集中在这些事情上。

请扪心自问:"在我能实现的所有结果中,考虑到回报与我的未来,哪些效果最重要且最有价值?"

提高取得结果的能力

为提升取得结果的能力,你可以思考以下七个问题:

1. "我为什么可以领工资?"

2. "在我所承担的所有任务与工作中,哪些任务所创造的价值最高?"

3. "我的关键结果领域有哪些?"为了实现你所

期望的最重要且价值最高的结果，你必须具备哪些核心能力，出色地完成哪些重要任务？你必须下定决心，将自己视为一个需要不断完善的项目。在今后的职业生涯中，必须围绕这些对成功而言极其重要的领域不断学习，努力完善自己。节省时间的最好方法之一，就是尽自己最大努力完成重要的任务。

4."如果能顺利完成某些任务，将产生实实在在的影响，那么，其中能由我且只能由我完成的任务有哪些？"有些对生活和工作具有重要意义的任务只有你才能做。如果你不做，这些任务就无法完成。没有人能代替你完成这些任务。当然，如果你去做，并且出色地完成了这些任务，将产生重大的影响。

5."掌握并精通哪一项技能，将对我的事业产生最积极的影响？"总有这样一项技能，如果你能掌握它，将获得巨大裨益。因此，你要找出这样的技能，全身心地投入其中，使自己成为这一领域的绝对权威。

6."对客户来说，哪一种结果最能让他们感到满

第二十一章
关注结果

意,并为企业带来更多新客户?"为了鼓励客户购买你的产品或服务,并向他们的朋友进行推荐,你必须让客户相信他们能够得到什么,你应该如何完善这个方面的质量与服务?

7.有关个人成功的最后一个问题是:"目前,我在哪个方面投入的时间最有价值?"将这个问题作为指路明灯,不断扪心自问。找到答案之后,不管答案是什么,你都应立刻将时间投入到这个方面上。

总之,必须集中精力学习、培养并实践这些技能,以获取那些最有价值、对工作具有重要意义的关键结果。

你的一天

如果你一整天只能完成一项任务,哪项任务为你的工作和生活贡献的价值最大?无论答案是什么,你都应该将它作为你的首要任务,并全身心投入这项任务中。相较于其他任务,它的意义更加重大,

因此你必须尽全力确保这项任务的完成质量。这也是在生活和事业各阶段取得满意结果的关键。

❂ 提升个人业绩的七个步骤

通过七个步骤可以帮助你提高效率与业绩,并取得更好的成果。你需要多加实践,将这七个步骤变成思想与行为习惯。这样,你的工作效率与收入都会翻倍,并以最快的速度取得进步。

第一步:针对生活中每一个重要方面设立明确、具体的目标,并将目标写下来。这些目标应该是可以衡量的,并且有截止时间,包括最后的截止时间与阶段目标的完成时间。制订目标完成计划,根据目标开展每天的工作。

第二步:将想法写在纸上。提前列出每一天的任务清单。最好是在前一天下班之前,或者是前一天晚上睡觉之前。这样一来,当你睡觉时,能够在潜意识中思考这些任务,醒来后往往会更加清楚应

第二十一章 关注结果

该如何完成这些任务。

第三步：开始工作之前，为清单上的任务设定优先顺序。可以运用二八定律，选出排序最靠前的 20% 的任务。

也可以采用 ABCDE 排序法。在开始工作前，先浏览任务清单，在最重要的任务后面标注字母 A，在第二重要的任务后面标注字母 B，在不重要的任务后面标注字母 C，在可以委派给他人完成的任务后面标注字母 D，在可以删除不做的任务后面标注字母 E。

如果多项任务后标注了 A，可以用 A-1、A-2、A-3 等加以区分。对标注为 B 的多项任务也可以采取同样的方式。但是，如果没有完成所有标注为 A 的任务，就不能去做标注为 B 或 C 的任务。

第四步：对于清单上的任务，你可以进行"有创造性的拖延"。因为你不可能完成清单上的每一项任务，因此需要将某些任务延后。预先确定哪些任务的价值或重要性不高，将它们延后完成。否则，

你会无意识地拖延那些真正重要的任务。

第五步：选择最重要的任务，即标注为 A-1 的任务。开始工作后，必须先着手完成该任务。这项任务通常比清单上的其他任务都重要。

第六步：一心一意地执行最重要的任务。一旦开始执行这项任务，就需要一口气将其完成。将时间全部投入到最有价值的任务上，严格要求自己，不能三心二意，直至完成这项任务。

第七步：要有紧迫感，注重行动。提高每天的工作节奏，提高完成每一项任务的效率，加速前进。

行动越快，效果越好，完成的任务就会越多，贡献就越大，取得的报酬越高，晋升也会越快。加快行动步伐，你的个人生活与事业才能走上发展的快车道。

第二十二章
总　结

针对个人与企业发展的伟大观点层出不穷。在本书中,我们针对提高业绩、扩大销量、削减成本与增加利润等问题提出了 21 个观点。如果你想成为最优秀的人,如果你希望自己的企业能够赚取最高的利润,取得最大的成功,你应该经常回顾这 21 个观点。

让我们再次回顾涡轮策略的 21 个观点:

1. **立足当下**:对企业当前的情况进行完整且可靠的分析,包括目前的销量、营收、盈利与市场环境等。

2. **结束过去**:将"零基思考法"运用到企业经营的各个方面。根据目前所知的情况,如果重新开

始，你还会像今天这样做吗？

3. **完成基本的商业分析**：仔细分析企业的产品、服务、工艺流程与活动，就像第一次见到它们时一样。时刻思考它们所面临的"残酷的问题"是什么。

4. **明确目标**：为企业的各个部门制定清晰、可衡量的目标，并将目标写下来。

5. **规划未来**：展望未来，在各方面都十分理想的情况下，未来三至五年间，企业将有怎样的发展。从今天开始，你应该怎么做才能将愿景转化为现实？

6. **企业的使命陈述**：明确企业能为他人做什么，并使其量化，使其具有激励性。此外，要让每个人都了解企业的使命。

7. **改造企业**：根据现有的知识和经验，如果重新经营企业或重新开始职业生涯，你会采取哪些不同的做法？

8. **选择合适的人**：你在企业中能否取得成功，95%取决于你所选择的同事与老板。多花点时间，才能做出正确的用人决定。

第二十二章 总结

9. 提升市场营销的效果： 针对每一个产品和服务，从专业化、差异化、市场细分和集中化这四个方面思考营销战略。

10. 分析竞争对手： 明确企业目前的竞争对手，找出潜在客户购买竞争对手的产品或服务的原因。如何抵消客户从竞争对手身上感知到的优势？

11. 更好、更快、更经济： 想方设法以优于竞争对手的方式服务客户，满足客户需求。不断提高对自己的要求。

12. 调整市场营销组合： 假设自己是企业的管理顾问，思考目前的产品、定价、销售途径与促销是否适合当前的市场。

13. 正确的定位助力企业成功： 你希望客户与潜在客户会如何评价你的企业？

14. 建立战略业务单元： 将你的产品与服务分为以下四类：现金牛、明星、问号和瘦狗。为每种产品或产品类别指定一位责任人，负责销售量与盈利目标的实现。

15. **提高销售业绩**：销售是企业的命脉，集中精力提高销售业绩。谨慎挑选销售人员，对他们进行充分的培训，以更加专业的方式管理这些销售人员。

16. **克服障碍**：找出能够影响销售量与盈利目标的实现速度的因素，集中精力消除企业各个环节中出现的障碍。

17. **企业再造**：不断寻求改进与简化生产过程和销售过程的方法。学会将任务委派给他人、将业务外包、缩小规模、降低工作复杂性。

18. **分析利润**：评估每个产品和服务，确定企业从每个产品或服务中实际赚取的净利润。坚决放弃那些盈利能力不足的产品与服务，将更多的资源投入到企业的支柱型产品上。

19. **持续改进**：采取"精益法"。明确客户对"质量"的理解，努力满足客户的期望。

20. **专注核心业务**：找出对企业发展最重要的产品或服务，然后集中精力提高它们的质量与销售量。对这些核心产品而言，可能有80%的市场潜力尚未

第二十二章
总　结

开发。

21. **关注结果**：将主要精力和资源集中于能为企业带来最重要结果的业务上。设定各项任务的优先顺序，然后全身心投入到那些价值最高的任务上。

涡轮策略的核心不在于你学到了什么，而在于你采取怎样的行动以及能否快速将理论付诸实践。能否快速将脑中产生的新想法付诸行动，这将直接关系到你的大脑能否继续产生新想法。因此，从现在开始，重视实践，立刻行动！

涡轮策略步骤

在过去的25年里,我帮助了美国、加拿大等23个国家和地区的500多家企业制定策略,将实践经验浓缩为本书中的观点与概念。

在实施涡轮策略的过程中,我会用2—3天的时间,与客户一起将这些想法变成一套具体的行动方案。

当你将本书中的概念应用于企业时,必须明确并严格遵守企业的价值观、愿景、使命、目的和目标。你要学会如何找出企业的关键结果领域,明确企业现有的和潜在的竞争优势。

借助这些方法,你可以分析企业的内部与外部情况,决定企业的新目标、计划、活动、业绩指标

涡轮策略步骤

与责任。

涡轮策略可以帮助你简化并完善业务,提高销售量、营收和现金流量,降低成本,快速增加利润——有时候,这些变化就发生于一夜之间。

在产品、服务、客户、市场以及未来机遇等方面,你也能取得新的突破。

你将学习如何将3R原则应用于企业的各个方面。

第一,重新评估所有的产品、服务、活动与员工。

第二,重新集中你的时间与资源,将它们投入到能为企业贡献最高销售量与利润的事情上。

第三,重新取得对企业的控制,从而在现有的经济环境下更加有效地管理企业。

你可以根据企业的具体情况对涡轮策略的思想进行调整,使其适合你的企业、产品与服务、客户与市场,以及员工与生产过程。不同的企业对这些理念的应用也有所不同。

☢ 三个步骤

实施涡轮策略的过程基本可以分成三步，分别是前期准备、制订计划与计划实施。

在前期准备中，你需要对企业现有的业务与经营状况进行详细分析，并将分析报告的副本递交给我们，这样我们才能针对当下的情况对战略进行相应的调整。

在为期两天的策略制造过程中，我们将全面分析你的企业，明确企业的价值观、愿景、使命和目标，然后制定行动方案。

我们会从当前的市场环境、竞争对手和发展趋势等方面分析每一种产品与服务，明确你的市场营销与促销策略，从而提高销售量、收入与现金流量。

我们要分析企业内外影响其成功和发展的关键性问题，明确哪些方面需要改进，如何以最有效的方式进行改进。

最后，生成具体的行动方案与责任，设定截止